Die schönsten Rezepte aus

Böhmen

Bohumil Froraček

Die schönsten Rezepte aus
Böhmen

Mehr als 90 kulinarische
Erinnerungen

Illustrationen von
Dušan Šenkeřík

Labonté

<u>Anmerkung:</u> Die Rezepte sind in der Regel für 4 Personen berechnet. In anderen Fällen wird speziell auf die Personenzahl hingewiesen.

1. Auflage 1999
Lektorat: Christiane Heering-Labonté, Köln
Titelfoto: ZEFA Düsseldorf
DTP-Satz: Thomas Heider, Bergisch Gladbach
Druck: Milanostampa S.P.A., Mailand

ISBN 3-933357-10-1

Inhalt

Kleine Vorrede

Meine Leidenschaft für das Kochen (und das Essen!) verdanke ich meiner böhmischen Großtante, bei der ich als Kind vor vielen Jahrzehnten stets meine Sommerferien verbrachte. Sie war eine Meisterin im Herstellen süßer Nachspeisen und wurde deswegen von mir wie eine Zauberfee bewundert und verehrt. Sie ist schon einige Jahrzehnte verblichen, doch ihre Seele schwebt manchmal als Duft eines warmen Hefeteigs durch meine Küche. Dieser Großtante widme ich dieses Kochbuch.

Hätte sie selbst auch ein Kochbuch geschrieben (aber das tat sie nie, denn vor lauter Kochen, Braten und Backen fehlte ihr dazu die Zeit), dann hätte in ihrem Buch folgende Widmung gestanden: „Der großen Magdaléna Dobromila Rettigová“.

Mit Recht. Diese Frau war nämlich erstens eine große Köchin, zweitens eine noch größere Sammlerin von böhmischen Rezepten und, drittens, die größte Kochbuchautorin der böhmischen Küche.

Die Rettigová wurde 1785 geboren: in Wscheraditz in Mittelböhmen. In jungen Jahren begann sie schöngeistige Literatur zu verfassen; aber die ist längst vergessen. Geblieben sind ihre Bücher zu Kochkunst und Hauswirtschaft, die schon zu ihren Lebzeiten den Weg bis ins letzte böhmische Dorf fanden, so dass auch dort die feinsten Knödel-, Fleisch- und Suppengerichte keine böhmischen Dörfer mehr blieben. Ihr am meisten verbreitetes Werk publizierte sie 1826. Es hieß „Die Hausköchin“ (Domácí kucharka) und erschien auf tschechisch und deutsch. Es wurde zu einem Standardwerk nicht nur in Böhmen, sondern auch im Gebiet des heutigen Österreich. Manches Gericht, das heute als typisch österreichisch gilt, wurde durch die „Hausköchin“ der Rettigová eingeführt.

Frau Tantchen, wie sie ehrfurchtsvoll familiär genannt wurde, verfaßte später noch eine ganze Reihe anderer populärer Bücher für den Haushalt: eins speziell für junge Hausfrauen, andere über Kalbfleisch, Kaffee und die „süße Küche". Ihr Schwerpunkt lag dabei immer auf dem festlichen Mahl. Ihre Bücher erreichten viele Auflagen und bis heute profitieren Hausfrauen, Köche (und natürlich Herausgeber) von ihren Schriften.

Auch dieses Rezeptbuch, das Sie jetzt in Händen halten, wäre ohne die große Kochkünstlerin mit dem würdevoll mütterlichen Knödelgesicht nicht denkbar.

Möge sie, als Schutzpatronin der Kochenden, Ihnen nun beim Ausprobieren der Rezepte den Rührlöffel sicher führen, außerdem Anbrennen und Überkochen verhindern, die Hefe gut aufgehen lassen und Sie am Ende des Mahles vor Magendrücken bewahren. Das wünscht

Bohumil Froraček

Vorspeisen und Salate

„In dem Garten waren Zwergobst, es waren Gemüse- und Blumenbeete, und an dem Ende desselben, von dem man auf die Berge sehen konnte, welche die Stadt in einer Entfernung von einer halben Meile in einem großen Bogen umgeben, befanden sich hohe Bäume und Grasplätze. Das alte Gewächshaus hatte der Vater teils ausbessern, teils durch einen Zubau vergrößern lassen…"

Ein Garten im Böhmerwald, von Adalbert Stifter in seinem Roman „Nachsommer" liebevoll beschrieben, ein klassischer Nutzgarten für Augen- und Gaumenlust, das Reservoir für den Beginn eines üppigen Mahles.

Sellerie, diverse Kohlsorten, gelbe und rote Rüben, Tomaten und Blattsalate, das sind die Zutaten, die den böhmischen Vorspeisen den kräftigen Biss geben. So werden sie zu einem vitaminhaltigen und verdauungsanregenden Fundament für die schweren Fleisch- und Knödelgerichte, deren Düfte bereits aus der Küche herüberwehen.

Ein Glas eingelegter Gürkchen sollte der Vorspeisenkoch natürlich auch immer zur Hand haben. Und wenn es dann sogar Znaimer Gürkchen sind, ist die Vorspeisenplatte nahezu perfekt.

Nahezu… denn ganz perfekt wird manche Vorspeise erst durch den rosaroten Prager Schinken, den ein Fettrand einrahmt, als sei er ein Heiligenschein. Wenn also dieser Schinken Sie auf einer Metzgertheke anlächelt, greifen Sie zu. Salzgepökelt und über Buchenholz geräuchert, ist er wahrhaft eine böhmisch-kulinarische Himmelsspeise.

Blumenkohlvorspeise

Bei diesem Blumenkohlgericht aus dem Backrohr sollte man sich die Verse von Ladislav Dajc zu Herzen nehmen:

„Oh merk' dir: jeder Auflauf schmeckt
nur dann, wenn er auch gut bedeckt
mit einem Käse erster Wahl,
zum Beispiel dem aus Emmental.
Doch Parmesan ist hier ein Graus:
er wird ganz braun und trocknet aus."

Zutaten

1 mittelgroßer Blumenkohl
200 g Schinken
2 Eigelbe
250 ml Sahne
40 g Butter
Salz
30 g Reibkäse

Zubereitung

Den Blumenkohl waschen, in kleine Röschen teilen und in Salzwasser weich kochen. Die Hälfte des zerteilten Blumenkohls in eine gefettete Auflaufform legen, fein gehackten Schinken darüber streuen und mit den restlichen Blumenkohlröschen abdecken. Die Eigelb mit der Sahne verquirlen und darüber gießen. Mit Butterstückchen belegt, die Speise 20 Minuten im Backofen bei 220 °C backen. Zur Verfeinerung mit etwas geriebenem Käse bestreuen.

Käsemuscheln

Zutaten

60 g Butter
60 g geriebener Parmesankäse
3 Eier
50 g Mehl
1 EL saure Sahne
Salz
1 Prise Pfeffer
1 Prise Paprika

Zubereitung

Die schaumig gerührte Butter mit Eigelb, Käse, Gewürzen, Mehl und Sahne verrühren. Zum Schluss den steifen Eischnee unterziehen. Die Masse in die mit Butter ausgestrichenen Muschelhälften oder kleine Auflaufformen füllen, auf ein mit Salz bestreutes Blech setzen und im vorgeheizten Backofen bei 200 °C 15 Minuten überbacken. Sobald die Muscheln hellbraun sind, die Käsemuscheln auftragen.

Kopfsalat mit Speck

„Die Kälte weicht, die Welt wird grün,
da braucht der Mensch ein Vitamin.
Der Winter geht, der Frühling naht,
da ruft der Mensch: 'Ich brauch' Salat!'
Und außerdem sagt streng die Waage:
'Nimm ab und nutz die Frühlingstage.
Auf deinen Hüften lastet Speck,
drum iß Salat – dann geht er weg!'"

Ladislav Dajc

Zutaten

2 Kopfsalate
Essig
Salz
100 g durchwachsener Speck

Zubereitung

Den vorbereiteten Salat kurz vor dem Anrichten in leicht gesalzenem Essigwasser wenden. Speck in ganz kleine Würfel schneiden und in der Pfanne auslassen. Anschließend das Fett und die gelb gerösteten Speckwürfelchen über den Salat geben.

Rote-Rüben-Salat

Zutaten

1 kg rote Rüben
Salz
Saft einer Zitrone
1 Prise Zucker
etwas fein geriebenen Kren (Meerrettich)

Zubereitung

Die roten Rüben sauber bürsten und waschen und, ohne die Wurzelspitzen zu verletzen oder in die Rüben einzuschneiden, in Salzwasser weichkochen. Dann mit kaltem Wasser abschrecken und anschließend schälen. Mit einem scharfen Messer in dünne Scheiben schneiden und mit einer Marinade aus Zitronensaft, Zucker und fein geriebenem Meerrettich vermengen.

Znaimer Essiggurken

Zutaten für 1 l

500 g kleine Gurken
einige Weinblätter
einige Weichselblätter
etwas Dill
1 grüne Paprika
Senfkörner
Pfefferkörner
250 ml Essig

Zubereitung

Kleine, unbeschädigte Gurken waschen, in ein Glas legen und mit Salzwasser (70 g Salz je 1 l Wasser) übergießen. Abgedeckt 8 Tage an einem sonnigen Platz stehen lassen. Dann das Salzwasser abschütten, die Gurken nochmals waschen und wieder in ein Glas legen. Dazwischen Weichsel- und Weinblätter, Dill, fein geschnittene Paprika, Senf- und Pfefferkörner geben und die Gurken mit gekochtem, erkaltetem Essigwasser (1 Teil Essig : 1 Teil Wasser) übergießen.

Möhrensalat

Dieser Möhrensalat wird mit rohen Möhren zubereitet. Heute würde man ihn neudeutsch als Rohkostsalat bezeichnen, was im alten Böhmen niemandem eingefallen wäre. Vor allem an heißen Sommertagen schmeckt dieser Salat wegen seiner erfrischenden Säure ganz besonders gut.

Zutaten

500 g Möhren
Salz
Zucker
Zitronensaft
125 ml saure Sahne
1 EL Schnittlauch oder Petersilie, feingehackt

Zubereitung

Die geputzten und geschälten Möhren fein reiben, mit einem Dressing aus Salz, Zucker, Zitronensaft und saurer Sahne vermischen und mit Schnittlauch oder Petersilie bestreuen.

Sauerkrautsalat

„Und das Kraut muss schön weiß sein."

Karel Čapek

Zutaten *500 g Sauerkraut*
1 Apfel
1 Zwiebel
125 ml saure oder süße Sahne

Zubereitung Das Sauerkraut auf Säure und Geschmack testen, dann zerrupfen und zerhacken. Apfel und Zwiebel reiben und samt der Sahne mit dem Sauerkraut vermengen. 1 Stunde ziehen lassen.

Slowakische Zigeunerpastete

Die Zigeunerpastete ist in Böhmen eine gern gegessene Mahlzeit und wird als Vorspeise oder als selbständiges Hauptgericht gereicht. Als Beilage isst man Brot.

Zutaten

500 g Schweinefleisch (Schulterstücke)
Salz
200 g Schweineleber
1 Semmel
250 ml Milch
1 Zwiebel
2 Eier
etwas Muskat
etwas weißer Pfeffer
Ingwer
150 g Speck
100 g gekochter Schinken
Öl zum Fetten der Form

Zubereitung

Das Schweinefleisch in größere Stücke schneiden, salzen und über Nacht kalt stellen. Die Leber reinigen und enthäuten, die Semmel abreiben, in Milch einweichen und gut ausdrücken, die Zwiebel fein schneiden. Alles durch den Fleischwolf drehen.
Zu dieser Mischung Eier und Gewürze geben und alles nochmal durch den Fleischwolf drehen.
In kleine Würfel geschnittenen Speck und Schinken hinzufügen, eventuell salzen und dann in die gefettete Form füllen, zudecken und im Wasserbad im Backofen bei 180 °C etwa 2 Stunden kochen.
Die Pastete in der Form und im Wasserbad erkalten lassen, stürzen, in Scheiben schneiden und auf einer Platte anrichten.

Kartoffelsalat nach Prager Art

Wichtig bei der Zubereitung eines Kartoffelsalats: Man muss ihm zwischen Zubereitung und Verzehr eine Ruhezeit gönnen, damit die Sauce gut einziehen kann. Dieser Kartoffelsalat ist ein idealer Happen zu einem frischen, kühlen Bier und kann ohne Beilage, aber auch mit einer leckeren Brat- oder Kochwurst oder einer Scheibe Brot gereicht werden.

Zutaten für 6 Personen

600 g gekochte Pellkartoffeln
200 g gekochter Schinken oder Schinkenwurst
3 Gewürzgurken
1 Zwiebel
Marinade
3 EL Essig
5 EL Wasser
etwas weißer Pfeffer
Salz
Zucker
1 TL Senf
einige Tropfen Worcestersauce
Petersilie oder Schnittlauch zum Garnieren

Zubereitung

Die gekochten, erkalteten Kartoffeln pellen, in Scheiben schneiden. Schinken oder Schinkenwurst kleinwürfelig und die Zwiebel und die Gurken fein schneiden. Alles mit den Kartoffeln mischen, Senf mit Essig verrühren, 5 EL Wasser, Pfeffer, Salz, Zucker, Worcestersauce hinzugeben und damit den Salat begießen, leicht verrühren. Den Salat in einer Schüssel anrichten, mit fein gewiegter Petersilie oder Schnittlauch bestreuen.

Gemüsesalat mit Obst nach Zigeunerart

Zutaten für 6 Personen

300 g gekochter Sellerie
3 größere Äpfel
10 grüne und schwarze Oliven
2 rote, in Essig eingelegte Paprika
125 ml Öl
3 EL Essig
Salz
Pfeffer
etwas feingewiegte Petersilie
1 Zitrone
Petersilie

Zubereitung

Den Sellerie und die abgeschälten Äpfel in kleine Stücke, die Oliven in Viertel und den Paprika in feine Streifen schneiden. Alles in eine Schüssel geben, mit einer Marinade aus Öl, Essig, Pfeffer, Salz und Petersilie begießen, leicht durchmischen. In einer Schüssel anrichten, mit Zitronenscheiben und Petersilie garnieren.

Steinpilzsalat

Die böhmischen Wälder waren schon immer pilzreich. Kein Wunder, dass die „Hausköchin“ der Rettigová 21 Pilzrezepte aufweist. Auch dieser Steinpilzsalat ist bei ihr in ähnlicher Form zu finden. Man sollte auf jeden Fall Steinpilze verwenden, denn nur so bekommt der Salat seinen typischen Geschmack.

Zutaten für 6 Personen

700 g Steinpilze
100 ml Essig
3 EL Öl
1 kleine Zwiebel
Salz
Pfeffer

Zubereitung

Die frischen, festen Steinpilze putzen, waschen und abtropfen lassen. In dünne Scheiben schneiden. Die Pilze in eine Schüssel legen, mit Salz, Pfeffer und Essig würzen. Zum Schluß fein geschnittene Zwiebel und Öl hinzufügen und alles leicht verrühren. Den fertigen Salat etwa 1 Stunde im Kalten durchziehen lassen.

Suppen und Eintöpfe

„Ich habe dir heute eine Weinsuppe gekocht. Diese ewigen Rindfleischsuppen sind dir sicher schon zuwider, nicht wahr, mein Schatz?“

Ein kleiner Dialog aus der Erzählung mit dem Titel: „Eine Woche in einem stillen Haus“ des böhmischen Dichters Jan Neruda. Und wenn ein Dichter eine ganze Woche in einem böhmischen Haushalt beschreibt, dann darf natürlich auch die Suppe nicht ausgeklammert werden.

Im Kapitel „Rindfleischsuppen“ finden sich schon im Kochbuch der Rettigová die wunderbarsten Kombinationen: mit Knödeln aus Rindermark, mit Reis- oder Leberknödeln oder als Frühlingskräutersuppe: mit Veilchenblättern, Gänseblümchen, zarten Brennnesseln, Petersilie und Kerbel.

Wenn der Dichter Neruda in seiner Erzählung aber auch eine Weinsuppe auftischen lässt, werden wir damit zugleich gaumenkitzelnd daran erinnert, dass Böhmen nicht nur eine Bier-, sondern auch eine Weinregion ist. Melnik mit seinen Weinhängen am Elbufer ist seit dem 14. Jahrhundert Zentrum des böhmischen Weinanbaus. Wenn man dort vor dem Renaissanceschloss sitzt und den Blick über die Weinstöcke, die Moldau, den Moldaukanal und die Elbe schweifen lässt und dann einen kräftigen Schluck nimmt, dann lacht ebenso kräftig das Herz.

Kuttelflecksuppe

„Kuttelflecke" oder einfach: „Kuttel" ist der oberdeutsche Ausdruck für das hochdeutsche „Kaldaunen" (gebildet aus dem mittellateinischen „calduna" für Eingeweide). Damit sind gemeint der gereinigte und gebrühte Vormagen der Wiederkäuer. Kuttelflecksuppe wurde in Böhmen früher nach dem Kirchgang geschlürft. Auch heute ist sie als Zwischenmahlzeit immer noch beliebt.

Zutaten

250 g Kuttelflecke (Kaldaunen)
100 g Selchfleisch
1 kleine Zwiebel
Suppengemüse (Möhren, Sellerie, Lauch)
Salz
30 g Fett
40 g Mehl
Petersilie

Zubereitung

Die Kuttelflecke öfter waschen, überbrühen und nochmals waschen. Dann in 1,5 l Wasser unter Zugabe von Salz, Zwiebel und dem geputzten Suppengemüse 2 Stunden kochen. Eine helle Einbrenne aus Fett und Mehl bereiten und mit der abgeseihten Kuttelfleckbrühe auffüllen. Kuttelflecke, Selchfleisch und Wurzelwerk in ganz feine Streifen schneiden, der Suppe beifügen und nochmals alles gut aufkochen. Vor dem Anrichten feingewiegte Petersilie dazugeben und die fertige Suppe abschmecken.

Reibteigsuppe

Zutaten *100 g Mehl*
2 Eigelb
Salz
1 l Brühe

Zubereitung Aus Mehl und Eigelb auf dem Nudelbrett einen festen Teig kneten, mit Salz abschmecken, zu einem Ballen formen und diesen auf dem Reibeisen abreiben. Den geriebenen Teig in die kochende Brühe rühren und diese kurz aufkochen lassen, anschließend gleich heiß servieren. Man kann aber auch den geriebenen Teig in einer Pfanne im Backofen unter fleißigem Umrühren goldgelb rösten und den gerösteten Teig in die Brühe einkochen.

Speckknödelsuppe

Knödel gehören in Böhmen zu den beliebtesten Gerichten. So haben sie natürlich auch Einzug in die Suppen des Landes gefunden. Diese Suppe eignet sich besonders gut als Vorsuppe vor Wildbret, besonders Hasenbraten.

Zutaten

70 g Speck
1 alte Semmel
70 g Mehl
1 Ei
70 ml Milch
Salz
Petersilie
1,25 l Gemüsebrühe

Zubereitung

Den Speck in kleine Würfel schneiden und in der Pfanne glasig werden lassen. Die kleinen Semmelwürfel dazugeben, im Fett goldbraun rösten, dann die Semmelwürfel auskühlen lassen und Mehl darüber streuen. Das Ei mit Milch und Salz versprudeln und mit den Semmelwürfeln vermengen. Mit angefeuchteten Händen kleine Knödel formen (vor jedem Knödel die Hände wieder ins kalte Wasser tauchen) und 10 Minuten in der fertigen Suppe schwach kochen lassen. Zum Anrichten feingehackte Petersilie zufügen.

Gulaschsuppe

Die Gulaschsuppe gehörte in Böhmen zum festen Bestandteil des Speisezettels. Man reichte sie entweder als herzhafte Vorspeise oder, in etwas größeren Mengen, als Hauptgang.

Zutaten

2 Zwiebeln
40 g Fett
250 g Rindfleisch
1 TL Paprika
Salz
3 mittelgroße Kartoffeln
20 g Mehl
nach Belieben Gulaschgewürz (gehackter Knoblauch, Majoran, Zitronenschale und Kümmel)
1 Schuss Essig

Zubereitung

Die Zwiebeln klein schneiden und im heißen Fett goldgelb dünsten. Das gewaschene, in Würfel geschnittene Fleisch samt Paprikagewürz und Salz ca. 45 Minuten im eigenen Saft dünsten (wenn nötig unter Wasserzugabe), bis es weich ist. Anschließend die geschälten und klein gewürfelten Kartoffeln beifügen, mit Mehl bestäuben, mit 1,5 l Wasser auffüllen und nochmals alles ca. 30 Minuten kochen. Abschmecken und nach Belieben mit Gulaschgewürz, auch mit einem Schuss Essig verfeinern.

Weinsuppe

Bier hat in Böhmen natürlich eine uralte Tradition, aber auch der Wein wurde schon gegen Ende des 9. Jahrhunderts in Prag getrunken. Kaiser Karl IV. hat sich dann im 14. Jahrhundert um den Weinanbau verdient gemacht. Er brachte aus Burgund einige Reben mit und ließ in der Nähe von Prag, bei seiner Burg Karlstein und bei Melnik, große Weingärten anlegen.

Zutaten

abgeriebene Schale einer unbehandelten Zitrone
40 g Reis
500 ml Wein
Zucker nach Geschmack

Zubereitung

500 ml Wasser mit der Zitronenschale zum Kochen bringen. Den Reis darin gar kochen. Danach Zucker nach Geschmack und Wein dazugeben und die Suppe erhitzen. Wein darf nicht kochen. Die Suppe kann warm oder kalt aufgetischt werden.

Lebersuppe

Zutaten

80 g Rinderleber
40 g Fett
40 g Mehl
1 kleine Zwiebel
1 l Brühe
Salz
Pfeffer
1 TL gehackte Petersilie
geröstete Semmelwürfel

Zubereitung

Im heißen Fett die fein gehackte Zwiebel goldgelb rösten. Die Leber waschen, häuten und fein wiegen. Leber ins Fett geben und 10 Minuten dünsten lassen. Danach mit Mehl bestäuben und nochmals einige Minuten dünsten. Mit der heißen Brühe ablöschen, salzen und die Suppe ca. 20 Minuten durchkochen. Mit gehackter Petersilie anrichten und mit gerösteten Semmelwürfeln auftragen.

Kräutersuppe

Die Rettigová mit ihren Dutzenden von Suppenrezepten beweist, dass man im Grunde fast alle heimischen Pflanzen in Suppen verwenden kann, sofern sie nicht giftig oder allzu bitter sind. Es kommt meist auf die Dosierung und natürlich auf die Phantasie des Kochs an!

Zutaten

125 g verschiedene Kräuter (Petersilie, Wasserkresse, Estragon, Brunnenkresse)
50 g Fett
50 g Mehl
50 g Räucherspeck, gewürfelt
1,5 l Gemüsebrühe
3 EL Sahne zum Legieren

Zubereitung

Eine helle Einbrenne aus Fett und Mehl zubereiten und mit Flüssigkeit auffüllen. Die Speckwürfel dazugeben und alles ca. 20 Minuten kochen, dann die gewaschenen, geputzten und feingewiegten Kräuter (ohne die Petersilie) hinzugeben und kurz aufkochen lassen. Erst kurz vor dem Anrichten fein gewiegte Petersilie dazugeben, abschmecken, mit der Sahne legieren.

Pilzsuppe

Diese Suppe läßt sich, wenn man keine frischen Pilze zur Hand hat, auch mit getrockneten Pilzen zubereiten. Man nimmt dann statt der 500 g frischen Pilze 50 g getrocknete, die man allerdings lange genug in Wasser einweichen muss, bevor man sie verarbeitet.

Zutaten

500 g frische Pilze (Steinpilze, Eierschwämme, Champignons)
1 kleine Zwiebel
50 g Fett
50 g Mehl
Salz
Kümmel
2 EL saure Sahne
Petersilie

Zubereitung

Die frischen Pilze putzen, klein schneiden und mit der geschnittenen Zwiebel zusammen im Fett andünsten. Mit etwas Mehl bestäuben, Salz und Kümmel dazugeben, mit Wasser auffüllen und kurz weichkochen lassen. Saure Sahne und die fein gehackte Petersilie dazugeben und abschmecken.

Wenn man getrocknete Pilze verwendet, geht die Zubereitung folgendermaßen vor sich: Die getrockneten Pilze über Nacht einweichen, am nächsten Tage im Einweichwasser weichkochen, aus dem Wasser herausnehmen und kleinschneiden. Die zerkleinerten Pilze kurz in einer hellen Mehlschwitze aus Fett und Mehl mitdünsten, mit der Pilzbrühe auffüllen. Salz und Kümmel nach Geschmack dazugeben und ca. 30 Minuten kochen lassen. Mit der Petersilie garnieren.

Apfelsuppe mit Sahne

Ein Rezept aus der Zeit, als es noch unzählige Apfelsorten gab. Gott sei Dank ist in den letzten Jahren das Apfelangebot wieder umfangreicher und qualitätvoller geworden. Für die Suppe empfiehlt sich ein Apfel mit kräftigem, leicht säuerlichem Geschmack.

Zutaten

150 g Zucker
250 g Apfelschnitzel
1 TL Stärkemehl
1 Eigelb
1/2 Zitrone
250 ml süße Sahne

Zubereitung

700 ml Wasser mit dem Zucker zum Kochen bringen und das mit wenig kaltem Wasser angerührte Stärkemehl hineinrühren und einmal aufkochen. Äpfel schälen, entkernen und mit Zitronensaft beträufeln, um das Braunwerden zu verhindern, im Mixer zerkleinern. Mit Sahne und Eidotter verrühren und die Suppe mit dieser Mischung verfeinern. Suppe kalt stellen und servieren.

Klare Fischsuppe mit Weißwein

Zutaten für 6 Personen	*1,5 l Fischbrühe* *125 ml leichter Weißwein* *60 g Spargel* *100 g Suppengrün* *Salz*
Zubereitung	Das in Streifen geschnittene Suppengrün in die Brühe geben und etwa 20 Minuten kochen lassen. Den in Salzwasser gekochten, kleingeschnittenen Spargel und den Wein hinzufügen, kurz aufkochen lassen und, wenn nötig, etwas salzen.

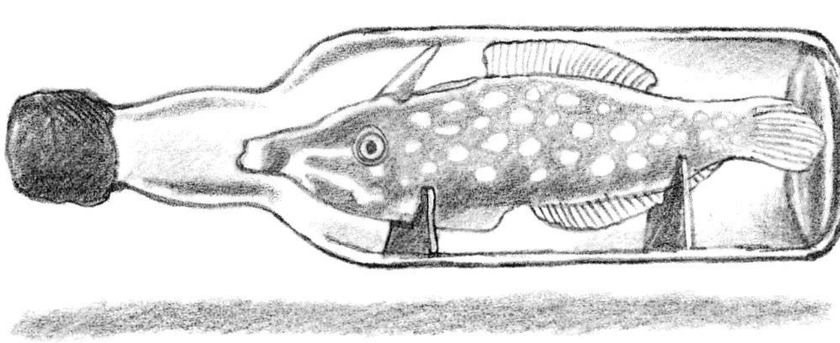

Kartoffelsuppe mit Steinpilzen

Sie können, wenn Steinpilze partout nicht zu bekommen sind, auch andere Pilze nehmen. Doch der rechte Geschmack kommt erst mit der Verwendung von Steinpilzen zustande. Seien Sie beim Kümmel etwas zurückhaltender als beim Majoran.

Zutaten für 6 Personen

500 g Kartoffeln
1 TL Kümmel
1 TLMajoran
Salz
Pfeffer
1 Knoblauchzehe
1 Zwiebel
70 g Butter
40 g Mehl
50 g frische Steinpilze
1/2 Bund Petersilie

Zubereitung

Die gewaschenen, geschälten und in Scheiben geschnittenen Kartoffeln mit 2 l kochendem Salzwasser übergießen und mit Kümmel und Majoran weichkochen. Aus einer klein geschnittenen Zwiebel, zerdrücktem Knoblauch, Butter und Mehl eine Mehlschwitze bereiten, mit kaltem Kartoffelwasser aufgießen, 20 Minuten kochen und zu den gekochten Kartoffeln durchseihen. In die fertige Suppe Pfeffer und die in 20 g Butter gedünsteten Pilze geben, nochmals kurz kochen. Vor dem Auftragen die fein gewiegte Petersilie auf die Suppe streuen.

Knödel und Mehlspeisen

Und so bekamen wir (…) fast jeden Tag Knödel zu Mittag, einmal mit Mohn, dann mit Sauce, beim drittenmal mit einem aufgebackenen Brötchen, einmal mit Butter und Zucker, dann wieder mit Himbeersaft übergossen, ein andermal mit Schmalz und gehackter Petersilie angemacht…

Bohumil Hrabal, der phantasiereiche große böhmische Erzähler, weiß, wovon er redet! Er hat immer gern die Prager Gasthöfe frequentiert und könnte gut noch viele Knödel- und andere Mehlspeisenrezepte hinzufügen, ganz sicher auch die, die sich in diesem Rezeptbuch finden.

Semmeln, die gerieben oder eingeweicht oft die Grundlage für die berühmten böhmischen Knödelrezepte liefern, sind als große Gottesgabe, die man ehrfürchtig behandeln muss, in eine Reihe von böhmischen Märchen und Sagen eingegangen. In die Geschichte von dem Burgfräulein zum Beispiel, das aus Übermut Semmeln aushöhlte, um sie als Schuhe zu tragen. Als sie jedoch in ihnen über die Burgbrücke ging, um im Dorf die Messe zu besuchen, versank bei ihrem letzten Schritt die ganze Burg hinter ihr. Was von der ehemals steinernen Pracht als Mahnung für alle Zeiten übrig blieb, war einzig ein Fußabdruck in der Treppenstufe am Ende der Brücke.

Jemandem, der aus Semmeln statt Schuhe Knödel herstellt, um sie dann lustvoll zu verzehren, geschieht solche Unbill sicher nicht. Der Herausgeber verbürgt sich dafür…

Böhmische Knödel

Dies hier ist die Grundlektion! Alle anderen Knödelrezepte sind Variationen. Sprachlich ist der Knödel übrigens klassischen Ursprungs. Im Lateinischen gibt es das Wort „nodus“, aus dem sich das deutsche „Knoten“ entwickelte. Von dort bis „Knödel“ ist es dann nicht mehr weit!

Zutaten für 6 Personen	*3 Semmeln* *400 g Mehl* *20 g Butter* *2 Eigelb* *5 g Salz* *250 ml abgekochte, kalte Milch*

Zubereitung Die Semmeln abreiben, klein würfeln, in heißer Butter rösten und auskühlen lassen. In eine Schüssel das durchgesiebte Mehl geben, die in der Milch verquirlten Eigelb und Salz hinzufügen und mit dem Kochlöffel so lange bearbeiten, bis ein glatter, glänzender Teig entsteht, der sich vom Kochlöffel löst. In diesen Teig die gerösteten Semmelwürfel schütten und gleichmäßig im Teig vermischen.

Aus dem Teig auf einem mit Mehl bestäubten Brett zwei längliche Rollen formen. In siedendem Salzwasser 25 Minuten lang garziehen lassen. Dabei mehrmals mit dem Kochlöffel umdrehen. Aus dem Wasser herausnehmen und sofort in Scheiben schneiden. (Zum Kochen der länglichen Knödelrollen eignet sich am besten eine längliche, größere Kasserolle.)

Speckknödel nach Bauernart

In Böhmen werden Speckknödel besonders gern zu Hasenbraten gereicht.

Zutaten für 6 Personen

60 g Schweinefett
1/2 Zwiebel
etwas Petersilie
Pfeffer
8 Semmeln
250 ml Milch
2 Eier
Salz
60 g Mehl
20 g Paniermehl
150 g Speck

Zubereitung

In einer Kasserolle in heißem Fett die fein geschnittene Zwiebel und fein gewiegte Petersilie anrösten, Pfeffer und die in Würfel geschnittenen Semmeln dazugeben, knusprig braten und auskühlen lassen. In der Milch Eier und Salz verquirlen, über die gerösteten Semmeln gießen und etwa 30 Minuten stehen lassen. Dann Mehl, Paniermehl und geröstete Speckwürfel hinzugeben und alles gut durchmischen. Die Hände in kaltes Wasser tauchen und aus dem Teig kleinere, runde Knödel von 6 cm Durchmesser formen, fest zusammendrücken, in siedendes Salzwasser legen und langsam 10 Minuten kochen. Mit einem Schaumlöffel herausnehmen und sofort servieren.

Markknödel

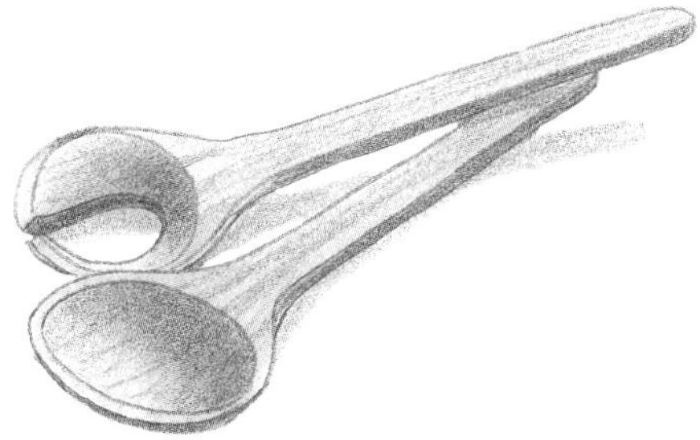

Zutaten für 6 Personen

60 g Butter
60 g Rindermark
2 Eier
Salz
etwas Petersilie
geriebene Muskatnuss
400 g Paniermehl
250 ml Milch

Zubereitung

Mark in einem Stieltöpfchen schmelzen, durchsieben und abkühlen. Anschließend in einer Schüssel mit Butter und einer Prise Salz schaumig rühren. Die feingewiegte Petersilie, Muskatnuss, die verquirlten Eier und etwas Paniermehl dazufügen und alles gut mischen. Zum Schluß das restliche Paniermehl und die Milch hinzufügen und etwa 15 Minuten stehen lassen. Ist der Teig zu fest, etwas Milch oder ein Stückchen schaumig gerührte Butter dazugeben. Aus dem fertigen Teig kleine Knödel formen, in siedendes Salzwasser legen und 6 bis 8 Minuten pochieren.

Steht kein Markfett zur Verfügung, dann erhöht man die Buttermenge um 30 g. Die Knödel schmecken auch ohne Markfett ausgezeichnet, nur nennt man sie dann nicht Mark-, sondern Butterknödel.

Prager Roggenschrippen (Dalamanky)

Die Prager Roggenschrippen werden zu Fleisch serviert, aber auch zu Pilz- und Eiergerichten.

Zutaten für 20 Schrippen

20 g Hefe
350 ml Milch
500 g Roggenmehl
100 g gekochte Kartoffeln
Salz
Kümmel
etwas Fett

Zubereitung

Aus Hefe und lauwarmer Milch mit etwas Mehl ein Hefestück zubereiten und gehen lassen. In eine Schüssel das restliche Mehl schütten, die passierten Kartoffeln, etwas Salz und das aufgegangene Hefestück dazugeben, alles zu einem festeren Teig verarbeiten und gehen lassen. Auf einem mit Mehl bestäubten Backbrett den Teig in 20 Teile teilen und daraus längliche Laibchen (Schrippen) formen. Auf ein gefettetes Blech legen und gehen lassen. Die aufgegangenen Schrippen an der Seite der Länge nach leicht einschneiden, mit Wasser bestreichen und mit Salz und Kümmel bestreuen und etwa 15 Minuten bei 200 °C im Backofen backen.

Serviettenknödel

Zutaten

500 g Mehl
2 Eier
Salz
350 ml Milch
2 altbackene Semmeln
30 g Fett

Zubereitung

Mehl, Eigelb, Salz und Milch zu einem Teig verarbeiten. Gut abschlagen. Die Semmeln in etwa 1 cm große Würfel schneiden, goldgelb in Fett rösten und ausgekühlt unter den Teig rühren. Zuletzt den steifen Eischnee leicht unterziehen. Den Teig zu einer Rolle formen, auf eine mit kaltem Wasser angefeuchtete und gut ausgedrückte Serviette legen, einrollen, in kochendes Salzwasser geben und 1 Stunde leise kochen lassen. Das Kochen darf nicht aufhören. Je leichter der Teig ist, desto lockerer wird der Knödel. Kurz vor dem Auftragen aus der Serviette wickeln, mittels eines Garnfadens in gleichmäßige Scheiben schneiden und mit zerlassener Butter beträufeln.

Prager Grießknödel

Wenn die Semmelbrösel vor dem Bestreuen leicht geröstet werden, schmecken sie doppelt so gut!

Zutaten

100 g Fett
2 Eigelb
200 g grober Grieß
Salz
4 EL Semmelbrösel
40 g Butter

Zubereitung

Eigelb und 100 g Fett schaumig rühren, Salz und Grieß darunterrühren und 1 Stunde stehenlassen. Danach aus dem Teig große Knödel formen und sie in kochendes Salzwasser legen. Den Topf groß genug wählen, damit die Knödel, die beim Kochen dreimal so groß werden, Platz haben. Die Knödel 15 Minuten langsam kochen und dann am Herdrande noch 30 Minuten ziehen lassen. Heiß mit Semmelbröseln bestreut und mit Butter begossen anrichten. Dazu kann man eine Tomaten- oder Powidlsauce (Pflaumenmus) reichen.

Obstknödel aus Brandteig

Die Rettigová empfiehlt, die Knödel mit einer Mischung aus kleingeriebenem Pfefferkuchen und Zucker zu bestreuen, bevor man sie mit Butter begießt.

Zutaten

80 g Butter
Salz
500 g Mehl
1 Ei
1 Eigelb
100 g Semmelbrösel
Zucker
50 g Butter

Zum Füllen

Obst nach Belieben (Kirschen, Pflaumen, Aprikosen)

Zubereitung

500 ml Wasser mit Salz und Butter zum Kochen bringen, den Topf kurz vom Herd ziehen, das Mehl auf einmal hineinschütten und mit einem Rührlöffel zu einem Teig verrühren. Dann den Topf wieder auf den Herd stellen und den Teig so lange abschlagen, bis er sich vom Topf löst. Den Teigkloß auf ein bemehltes Brett geben, Ei und Eigelb in den heißen Teig gut einarbeiten, den Teig auswalken und in Vierecke schneiden. Die gewaschenen und auf einem Tuch getrockneten Früchte in die Teigvierecke einrollen und zu runden, völlig geschlossenen Knödeln formen. Diese in kochendes Salzwasser legen und 6–8 Minuten schwach kochen lassen. Die gut abgetropften Knödel in einer Schüssel anrichten und mit gerösteten Semmelbröseln, Zucker und heißer Butter auftragen.

Kirschknödel

Zutaten

300 g Mehl
50 g Butter
Salz
250 ml Milch
750 g Kirschen
100 g Semmelbrösel
Zucker
Zimt
50 g Butter

Zubereitung

Mehl, Butter und Salz in eine Schüssel geben, die kochende Milch darübergießen, den Teig gut abschlagen und dann erkalten lassen. Inzwischen die Kirschen von den Stielen befreien, waschen und auf einem Tuch trocknen. Hierauf den erkalteten Teig auswalken, in gleichmäßige, etwa 5 cm große Vierecke schneiden und in jedes 2–3 Kirschen einwickeln. In kochendes Wasser gelegt, werden die Kirschenknödel 5–8 Minuten langsam gekocht. Mit einem Schaumlöffel dann herausnehmen, abtropfen lassen und auf einer vorgewärmten Schüssel anrichten. Geröstete Semmelbrösel, Zucker, Zimt und zerlassene Butter dazu auftragen.

Zwetschgenknödel aus Quarkteig

Zutaten

60 g Butter
2 Eigelb
1 Prise Salz
1 abgeriebene, altbackene Semmel
etwas Milch
300 g Quark
350 g Mehl
750 g Zwetschgen
100 g Semmelbrösel
Zucker
Zimt
50 g Butter

Zubereitung

Butter und Eigelbe schaumig rühren, die in Milch geweichte und ausgedrückte Semmel, ferner Quark und Mehl dazugeben und alles auf dem Nudelbrett zu einem glatten Teig verarbeiten.
Den knapp 1/2 cm ausgewalkten Teig in ungefähr 40 gleichmäßige Vierecke schneiden. Die gewaschenen und auf einem Tuch getrockneten Zwetschgen (sind sie sauer, werden die Kerne durch ein Stückchen Zucker ersetzt) in die Teigstücke einwickeln und zu einem gut verschlossenen Knödel formen. Salzwasser zum Kochen bringen und die Knödel darin 10–15 Minuten bei mittlerer Hitze ziehen lassen, dabei mit einem Kochlöffel ab und an leicht vom Topfboden auflockern. Dann mit einem Schaumlöffel herausnehmen, abtropfen lassen, in einer Schüssel anrichten und mit gerösteten Semmelbröseln, mit zerlassener Butter, Zucker und Zimt anrichten.

Mehlschmarren

„So ein Schmarrn!“ Wenn sich der Sprecher bei diesem Satz auch noch an den Kopf fasst und die Augen rollt, erkennt man sofort: hier wird verachtungsvoll von irgend etwas geredet. Vor den Schmarren in diesem Rezept kann man aber nur bewundernd den Hut ziehen. Und wenn man sie verspeist hat, wischt man sich genüsslich den Mund!

Zutaten

250 g Mehl
3 Eier
250 ml Milch
Salz
80 g Ausbackfett
Zucker zum Bestreuen

Zubereitung

Eiweiß und Eigelb trennen und das Eiweiß steifschlagen. Das Mehl mit dem Eigelb und der Milch gut verquirlen und den steifgeschlagenen Eischnee unterziehen. In der Pfanne das Fett erhitzen und den Teig 1 cm dick hineingießen. Auf einer Seite anbacken, dann wenden und mit zwei Gabeln in kleine Stücke zerreißen. Noch kurze Zeit gut durchbacken, zugedeckt in einer Schüssel warmstellen, da der Schmarren noch etwas durchziehen muß. Mit Zucker bestreut anrichten, Kompott oder Fruchtsaft dazu reichen.

Mehlschmarren mit Früchten

Zutaten

500 g Äpfel, Kirschen oder Zwetschgen
250 g Mehl
3 Eier
250 ml Milch
Salz
80 g Ausbackfett
Zucker zum Bestreuen

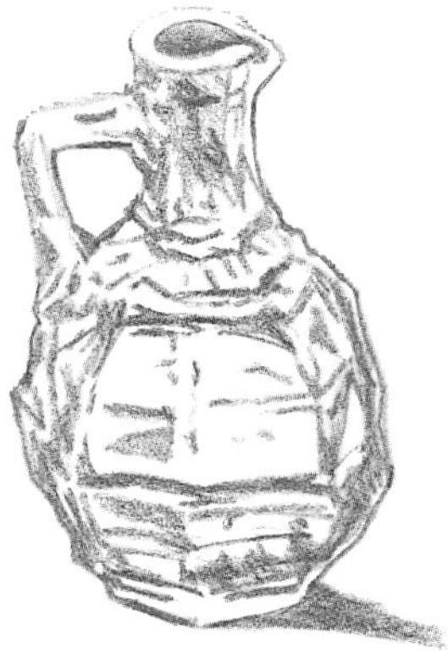

Zubereitung

Eiweiß und Eigelb trennen und das Eiweiß steif schlagen. Das Mehl mit dem Eigelb und der Milch gut verquirlen und den steif geschlagenen Eischnee unterziehen. Die Äpfel in feine Scheiben schneiden oder die Kirschen oder Zwetschgen entkernen.
Das Fett in einer Pfanne erhitzen, den Teig hinein geben und leicht anbacken. Dann die geschnitzelten Apfelscheiben, die entkernten Kirschen oder die Zwetschgen darauf streuen und den Schmarren, wie Mehlschmarren, fertig backen.

Kaiserschmarren

Zutaten

5 Eier
250 g Mehl
80 g Zucker
Salz
60 g geschmolzene Butter
geriebene Schale einer Zitrone
125 ml Milch
Öl zum Backen
Puderzucker zum Bestäuben

Zubereitung

Die Zutaten gut zu einem dünnen Tropfteig verquirlen. Das Fett in einer Pfanne erhitzen und den Teig kleinfingerdick hinein gießen. Nicht zu schnell bräunen, wenden, grob in Stücke reißen, leicht mit Zucker bestreuen und in der Pfanne schwenken. Beim Anrichten etwas mit Zucker bestreuen. Den Schmarren heiß auftragen.

Käsenockerl

Nockerl erinnern stark an die italienischen Gnocchi und werden mit der Hand zu kleinen Kugeln geformt oder mit dem Löffel abgestochen.

Zutaten

250 g Mehl
375 ml Milch
4–6 Eier
140–160 g geriebener Käse
Salz
250 ml Sahne oder Milch
50 g Fett
3–4 EL geriebener Käse

Zubereitung

Die Milch mit Fett und Salz zum Kochen bringen, das Mehl auf einmal hinein rühren und die Masse unter Rühren so lange kochen, bis sie sich vom Topf löst. Dann vom Herd nehmen und in die noch heiße Masse nach und nach die Eier und den Käse unterrühren. Aus der Masse Nockerl ausstechen und diese langsam in Salzwasser kochen. Inzwischen Fett und Sahne in einer Pfanne erhitzen, die gekochten Nockerl hinein setzen, mit Käse bestreuen und 30 Minuten im Backofen bei 180 °C überbacken.

Fleischgerichte, Wild und Geflügel

„Es ist der Hasenrücken, der (zubereitet mit Sahne) so vortrefflich schmeckt. Er ist der Beweis, wie winzig der Mensch vor seinem Schöpfer ist. Denn: ohne seinen Willen und seine Liebe zu uns sündigen Menschengeschöpfen könnte niemand in die eigene Tasche greifen und ein schönes Stück vom Hasenbraten aus dem Papier auspacken, wie ich es jetzt tue. Ich frage euch: könnte dies ein armseliges menschliches Geschöpf tun, wenn es dazu nicht einen göttlichen Auftrag gäbe?“

Es ist Jaroslav Hašeks Schwejk, der diese entwaffnende Theologie des Hasenrückens entwirft. Ob sein Hasenbraten auf Karlsbader Art zubereitet wurde, wie in diesem Rezeptbuch angegeben, ist nicht sicher, aber zu vermuten.

Wir haben dem Hasen noch andere delikate Tiere aus den Wäldern und Feldern Böhmens beigesellt. Und natürlich aus Böhmens Ställen das Schwein, das schon von altersher die böhmischen Töpfe und Pfannen mit Braten und Innereien füllte, von den Schweinswürsten ganz zu schweigen, die, üppig gewürzt mit Majoran, die dampfenden Krautberge krönten…

Rehschnitzel in Rahmsauce

Zutaten

8 Rehschnitzel à 80 g
50 g Speck
Salz
Pfeffer
3 EL Mehl
60 g Fett
5 EL saure Sahne
250 ml Brühe

Zubereitung

Die Schnitzel leicht klopfen, spicken, salzen, in Mehl wenden und in heißem Fett anbraten. Dann die Sauce darübergießen und mitbräunen lassen. Mit Sahne und Brühe auffüllen und garen. Die Sauce abschmecken, das Fleisch anrichten und mit Sauce servieren.

Wildschwein

Die ausgedehnten böhmischen Wälder mit ihrem großen Wildreichtum sorgten dafür, dass Wild zu einem festen Bestandteil des böhmischen Speisezettels wurde.

Zutaten für 8–12 Personen

1 Wildschweinrücken oder -schlegel
200 g Fett
1 Knoblauchzehe
1 EL Kümmel
Salz

Für die Beize

1 l Rotwein
2 Orangen
2 Zwiebeln
4 Karotten

Zubereitung

Den vorbereiteten Wildschweinrücken oder -schlegel einige Tage in die Rotweinbeize legen, dann wie einen gewöhnlichen Schweineschlegel braten. Dazu das Fleisch waschen und die Schwarte kreuzweise einschneiden. Anschließend mit Salz, nach Geschmack mit Knoblauch und Kümmel einreiben. Danach mit 250 ml kochendem Wasser übergießen und in den heißen Backofen stellen. Unter fleißigem Begießen 2 Stunden knusprig braten.

Böhmischer Rostbraten

Ideal fürs sommerliche Gartenfest. Und wenn dazu ein gutes Bier, am besten aus Prag oder Pilsen, kaltgestellt ist, kann eigentlich nichts mehr schiefgehen!

Zutaten

4 Rostbraten (je 150 g)
Salz
Pfeffer
1 TL Kümmel
1 Knoblauchzehe
100 g Fett
etwas Mehl
4 EL saure Sahne

Zubereitung

Die gewaschenen und geklopften Fleischstücke am Fettrande etwas einschneiden, mit Salz, Pfeffer und Kümmel bestreuen; auf dem heißen Fett im Backofen bei 200 °C halbweich dünsten, dann umdrehen und auf der oberen Seite mit etwas zerriebenem Knoblauch bestreichen. Mit wenig Mehl bestäuben, mit der sauren Sahne begießen und fertig dünsten.

Aus einem Gespräch über die Verwendung der Speisekarte zur Erziehung der Soldaten in Friedenszeiten:

„Du Kerl, du, wenn sich das noch einmal wiederholt, mach ich aus deinem Maul einen kräftig durchgeklopften Rostbraten, zertrete dich zu einem Kartoffelbrei und geb dir das anschließend zum Aufessen!"

Aus: Jaroslav Hašek, »Die Abenteuer des braven Soldaten Schwejk«

Stephaniebraten

Zutaten für 4–6 Personen

1000 g Rindfleisch (Spitzfleisch)
Salz
Pfeffer
4 hartgekochte Eier
50 g Speck
50 g Fett
1 Zwiebel
einige Pfeffer- und Pimentkörner
500 ml Brühe
20 g Mehl

Zubereitung

Das Fleisch waschen und klopfen, in jede Seite zwei eigroße Löcher bohren und darein die entschälten, hartgekochten Eier legen. Dann das Fleisch mit Salz und Pfeffer bestreuen. Im zerlassenen Fett den in Würfel geschnittenen Speck und die kleingehackte Zwiebel gelb rösten. Das Fleisch samt den Pimentkörnern dazugeben und durch mehrfaches Begießen ungefähr 2 Stunden dünsten, wobei immer wieder Flüssigkeit (Brühe) nachgefüllt wird. Ist das Fleisch weich, die Sauce mit Mehl einstäuben und aufkochen. Dann das Fleisch in Scheiben schneiden, anrichten und die Sauce darüber seihen.

Hasenschnitten mit Kräutern

Zutaten

1 Hasenrücken
Salz
Pfeffer
125 g Fett
60 g fetter Speck
1 TL fein gehackte Zwiebel
1 TL fein gehackte Petersilie
1 Trüffel
200 g Waldpilze

Zubereitung

Den Hasenrücken häuten, das Fleisch sorgfältig von den Knochen lösen, in schräge, längliche Scheiben schneiden, mit einem Messer flach klopfen, schön formen, salzen und pfeffern. Dann in jedes Fleischstück ein glattgeschabtes Rippenbeinchen hinein stecken, das Fleisch etwas abstehen lassen und es schließlich in 70 g Fett auf dem heißen Herd rasch braten. In einer anderen Pfanne die angegebenen Zutaten in 50 g Fett und dem zerlassenen Speck dünsten und die Hasenschnitten heiß anrichten. Ausgebackene Semmelschnitten, Oliven und Zitronenspalten beigeben.

Kalbsschlegel gefüllt

Zutaten für 8–10 Personen

1000 g Schlegel
Salz
Pfeffer
500 g fettes Schweinefleisch
1 Semmel
100 g Speck
80 g Butter
1 EL fein gehackte Zwiebel
1 EL fein gehackte Petersilie

Zubereitung

Das Fleisch kurz waschen und so einschneiden, dass beim Auseinanderklappen ein möglichst flaches, viereckiges Stück daraus entsteht. Dieses leicht klopfen, mit Salz und Pfeffer bestreuen, dann das Schweinefleisch durch den Fleischwolf drehen, mit Salz, Zwiebel, Petersilie und der eingeweichten und ausgedrückten Semmel gut vermischen und diese Masse gleichmäßig auf das Kalbfleisch streichen. Dieses rollen, mit einem Faden zusammen binden und mit Speckstreifen spicken. Hierauf diese Fleischrolle auf heißem Fett unter fleißigem Begießen 90 Minuten braten.

Leber sauer

Zutaten

500 g Kalbsleber
Pfeffer
50 g Fett
1 TL fein gehackte Zwiebel
40 g Mehl
350 ml Brühe
1 EL Essig
nach Belieben 2 EL Wein oder 125 ml saure Sahne
Salz

Zubereitung

Die Leber waschen, häuten, in feine Scheiben (3–4 cm Durchmesser) schneiden und leicht pfeffern. In dem heißen Fett die Zwiebel hellgelb rösten, die Leber dazugeben und unter ständigem Wenden so lange rösten, bis sie nicht mehr blutig ist. Mit Mehl bestäuben und noch einige Minuten weiter rösten. Dann mit Brühe auffüllen, durchkochen, vom Herd nehmen und kurze Zeit ziehen lassen. Mit Essig abschmecken, nach Belieben mit Wein oder saurer Sahne verfeinern. Die Leber erst vor dem Anrichten salzen, weil sie sonst hart wird.

Schweineschlegel mit saurer Sahne

Die Rettigová empfiehlt zum Würzen Sardellen statt Salz. Wer einen etwas herzhafteren Geschmack haben möchte, sollte den Ratschlag der Rettigová beherzigen und 2–3 Sardellen zu den Schweineschlegeln geben.

Zutaten

750 g Schweineschlegel
Salz
Pfeffer
2 Zwiebeln
80 g Fett
2 EL Weißwein
1 TL Essig
einige Löffel Brühe
125 ml saure Sahne

Zubereitung

Den Schlegel von allen Fettteilen befreien und mit Pfeffer und Salz einreiben. Dann die Zwiebeln in dünne Scheiben schneiden, damit den Schlegel von allen Seiten belegen und ihn in eine Schüssel geben. Diese zudecken und über Nacht stehen lassen. Zum Braten in eine Pfanne Fett geben, den Schlegel darauf legen, Wein, Essig und Brühe darunter gießen und das Fleisch unter mehrfachem Begießen halbweich braten. Dann die Sahne beifügen und ihn unter weiterem Begießen weich braten. Die Sauce nicht durchseihen. Dieser Braten ist sehr schmackhaft. Durch Zwiebel und Sahne erhält er eine schöne braune Kruste.

Schweinsrollen

Schweinefleisch gehört in Böhmen zu den beliebtesten Fleischsorten. Dies ist auf den landwirtschaftlichen Charakter Böhmens und Mährens zurückzuführen. Fast in jedem Haus wurde in Böhmen ein grunzendes Borstentier durchgefüttert, was nach den Weihnachtsfeiertagen geschlachtet wurde. Darum gibt es eine Unmenge an Gerichten, in denen das Schwein vorkommt.

Zutaten

500 g Schweinefleisch vom Schlegel
Salz
50 g Fett
125 ml saure Sahne

Für die Fülle

100 g Fleischreste
25 g Fett
1 Zwiebel
80 g Pilze
1/2 Semmel
1 Ei
Salz
Pfeffer

Zubereitung

Zuerst die Fülle zubereiten: Fleischreste durch den Fleischwolf drehen, das Fett schaumig rühren, die fein gehackte Zwiebel und die geschnittenen, leicht gedünsteten Pilze, ferner die halbe, eingeweichte und ausgedrückte Semmel, das Ei sowie Salz und Pfeffer hinzu geben und alles zu einer dicken Masse vermengen. Aus dem gewaschenen Fleisch dünne Schnitzel schneiden, sie klopfen und salzen und mit der Fülle bestreichen, zusammenrollen, mit einem

Faden umwickeln und diese Fleischrollen auf heißem Fett anbraten, etwas Wasser darübergießen und sie langsam 60–90 Minuten dünsten. Zuletzt die Sahne hinzu geben und die Rollen einige Minuten fertig dünsten. Vor dem Anrichten die Fäden vom Fleisch lösen und die Sauce durch ein Sieb gießen.

Schöpsenfleisch in Majoransauce

Das deutsche Wort „Schöpse“ stammt aus dem Tschechischen. Dort heißt „skopec“ nichts anderes als „Hammel“.

Zutaten

500 g Schöpsenfleisch (vom Rücken)
Salz
1 Zwiebel
1 Bund Suppengemüse

Sauce

60 g Butter
60 g Mehl
1 TL Majoran
1 Knoblauchzehe

Zubereitung

Das Fleisch waschen und in Salzwasser unter Beigabe der Zwiebel und des Suppengemüses weichkochen. Eine helle Einbrenne aus Butter und Mehl bereiten, mit durchgeseihter Fleischbrühe auffüllen, Majoran und etwas zerriebenen Knoblauch hinzu geben und die Sauce gut durch kochen. Das Fleisch in Stücke schneiden, in die Sauce geben und heiß auftragen.

Znaimer Rinderrouladen

Zwar liegt Znaim in Mähren, doch wegen ihres wohlschmeckenden Geschmacks wurden die Znaimer Rouladen auch in Böhmen gerne gegessen.

Zutaten für 6 Personen

4 Rinderrouladen
Salz
Pfeffer
20 g Butter
100 g gekochtes Rauchfleisch
60 g Speck
2 Sardellenfilets
10 g Kapern
1 Gewürzgurke
etwas Petersilie
3 Zwiebeln
1 Knoblauchzehe
60 g Schweinefett
20 g Mehl
etwas Brühe
125 ml Sahne
1 TL mittelscharfer Senf
einige Tropfen Worcestersauce

Zubereitung

Die Rouladen mit Pfeffer und Salz bestreuen. Gekochtes Rauchfleisch, Speck, Gurke, 80 g Zwiebeln, Kapern und Petersilie fein schneiden oder wiegen, mit dem zerdrückten Knoblauch, der schaumig gerührten Butter und den passierten Sardellen vermischen und diese Füllung auf die Rouladen streichen. Roulade von der Schmalseite her zusammen rollen und mit einem Faden umwickeln, in heißem Fett von allen Seiten rasch anbraten. Dann die restliche, fein geschnittene Zwiebel hinzugeben, kurz

dünsten lassen, mit Mehl überstäuben, anrösten, etwas Brühe auffüllen und die Rouladen 30 bis 45 Minuten schmoren.
Sahne, Senf, Worcestersauce zugeben, kurz kochen und dann die fertigen Rouladen heraus nehmen. Nachdem der Faden entfernt wurde, das Fleisch auf einer Platte anrichten. Die Sauce durchseihen, etwas davon über die Rouladen gießen und die restliche Sauce gesondert servieren.

Prager Saftbraten

Der Prager Saftbraten wird bevorzugt mit Bratkartoffeln, Kartoffelklößen und anderen Kartoffelgerichten serviert.

Zutaten für 6 Personen

750 g Rindfleisch (Lende)
Salz
Pfeffer
80 g Schweinefett
1 Zwiebel
Brühe
30 g Butter

Zubereitung

Das Fleisch, wenn nötig, enthäuten, abspülen, abtrocknen, klopfen, salzen und pfeffern und in heißem Fett von allen Seiten anbraten. Die fein geschnittene Zwiebel zugeben, wenig rösten und dann das Fleisch im Backofen gar braten. Dabei öfter mit Bratensaft begießen und nach Bedarf ein wenig Brühe von der Seite zugeben. Nur soviel Brühe nehmen, dass das Fleisch nicht anbrennt.
Den fertigen Braten aus der Pfanne nehmen, Fett abschöpfen, zu dem Bratensaft 125 ml Brühe, Butter und Salz geben und kurz aufkochen lassen. Dann den Bratensaft durchseihen. Das Fleisch in Portionen teilen, auf einer Platte anrichten, mit etwas Bratensaft begießen und den restlichen Bratensaft gesondert servieren.
Braucht man mehr Bratensaft, dann denselben etwas einkochen und mit etwa 20 g Mehl überstäuben. Wenn es braun wird, Brühe auffüllen, salzen und kochen. Der Bratensaft kann noch mit etwas Butter verfeinert werden.

Böhmischer Schweinebraten

Dies ist eines der typischen, traditionell böhmischen Gerichte, das auf dem Lande beim Schweineschlachten entstanden ist. Auch heute fehlt es zusammen mit böhmischen Knödeln und böhmischem Kraut auf keiner Speisekarte.

Zutaten für 6 Personen

800 g Schweinerücken
Salz
Kümmel
50 g Schweinefett
Brühe

Zubereitung

Das Fleisch waschen, die Rücken- und Seitenknochen teilweise abhacken und zerkleinern. Dann das Fleisch salzen und mit Kümmel bestreuen. In die Bratpfanne Fett, Fleischreste und Knochen geben. Darauf das vorbereitete Fleisch mit der Oberseite nach unten legen und auf jeder Seite 45 bis 60 Minuten im Backofen braten (insgesamt bis zu 2 Stunden). Dabei mehrfach mit dem Bratensaft und nach Bedarf mit Brühe begießen.
Das gare Fleisch aus der Pfanne nehmen, von dem Bratensaft fast alles Fett abschöpfen, etwas Brühe hinzufügen, salzen, kurz kochen und passieren.
Das Fleisch in Portionen schneiden, auf einer vorgewärmten Platte anrichten und mit etwas Bratensaft begießen. Den restlichen Bratensaft gesondert servieren. (Das abgeschöpfte Fett läßt sich als Brotaufstrich oder zum Rösten bzw. Braten von Kartoffeln u. ä. verwenden.) Auf diese Weise kann man auch Schweinekamm, -keule und -schulter zubereiten.

Mährische Spatzen

Diese Spatzen fliegen einem wie die gebratenen Tauben aus dem Schlaraffenland nahezu wie von selbst in den Mund.

Zutaten für 6 Personen

750 g Schweinefleisch (Keule oder Schulter)
Salz
2 Knoblauchzehen
etwas Kümmel
100 g Fett
125 ml Fleischbrühe

Zubereitung

Das abgespülte Fleisch in etwa 80 g schwere, längliche Stücke schneiden, mit in Salz zerdrücktem Knoblauch bestreichen und mit Kümmel bestreuen. In der Bratpfanne Fett heiß werden lassen, die zubereiteten „Spatzen" hineinlegen, von allen Seiten rasch anbraten, dann etwas Brühe hinzufügen und im Backofen bei 200 °C weich braten. Dabei öfter mit dem Bratensaft begießen. Dazu reicht man Semmel- oder Kartoffelknödel und gedünstetes Gemüse.

Schweinenieren

Zutaten für 6 Personen

750 g Schweinenieren
100 g Butter
2 Zwiebeln
Pfeffer
gestoßener Kümmel
Salz
Fleischbrühe

Zubereitung

Die Nieren der Länge nach in zwei Hälften schneiden, das Fett und die Harnstränge mit einem scharfen Messer heraus schneiden, die Nieren gut waschen und mit Küchenkrepp abtrocknen.
Die Nieren quer in ca. 2 mm dicke Scheiben schneiden. In einer Kasserolle Butter zerlassen, fein geschnittene Zwiebeln anrösten, gestoßenen Kümmel, Pfeffer und die Nierenscheiben dazugeben, 2 Minuten rasch braten, dabei ab und zu umrühren. Nicht zu lange braten, sonst werden die Nieren zäh. Dann die Nieren salzen, mit etwas Brühe übergießen und kurz kochen. Die fertigen Nieren mit der Sauce übergießen und auf den Tisch stellen.

Paniertes Zicklein

Im Unterschied zu Lammfleisch muß das Fleisch junger Zicklein vor dem Panieren nicht gekocht werden. Mit Kartoffeln und Spinat ist es in Böhmen ein sehr beliebtes Gericht.

Zutaten für 6 Personen

1/2 Zicklein
Salz
80 g Mehl
3 Eier
150 g Paniermehl
100 g Schweinefett
20 g Butter
einige Salatblätter
Zitrone zum Garnieren

Zubereitung

Das Fleisch waschen, abtrocknen und eventuell größere Knochen auslösen. Dann das Fleisch in mundgerechte Stücke schneiden, salzen, in Mehl, verquirlten Eiern und Paniermehl wenden und in heißem Fett goldbraun backen. Das fertige Fleisch mit zerlassener Butter bestreichen, auf eine vorgewärmte Platte legen und mit Salatblättern und Zitronenteilen garnieren.

Kaninchen nach mährischer Art

Zutaten für 6 Personen

600–800 g küchenfertiges Kaninchen ohne Knochen
Salz
Pfeffer
2 Knoblauchzehen
150 g Öl
1 Kopfsalat
1 Zitrone

Zubereitung

Das Fleisch in Portionen schneiden, leicht klopfen, salzen, mit zerdrücktem Knoblauch einreiben, etwas pfeffern und in einer Pfanne in heißem Öl auf beiden Seiten rotbraun braten. Das gebratene Fleisch auf eine vorgewärmte Platte legen, mit Salatblättern und Zitronenteilen garnieren.

Böhmisches Backhendl

Heutzutage, wo das wohlschmeckende Bauernhof-Geflügel selten geworden ist, ist es um so wichtiger, die Tiere gut zu würzen. Das A und O dabei ist die Verwendung von reichlich Zitrone!

Zutaten für 8 Personen

2 kleine Brathähnchen (je 500–600 g)
Salz
Saft einer Zitrone
80 g Mehl
2–3 Eier
200 g Paniermehl
Fett zum Braten

Zubereitung

Die gesäuberten, ausgenommenen, gut abgetrockneten Hähnchen in Viertel teilen, mit Zitronensaft einreiben und salzen. In Mehl, verquirlten Eiern und gesiebtem Semmelmehl panieren. In heißem Fett die Hähnchen erst von allen Seiten goldgelb anbraten, dann bei reduzierter Hitze langsam fertig backen. Dazu reicht man Salzkartoffeln und einen süß angemachten grünen Salat.

Poularde nach altböhmischer Art

Man verachte als Würzmittel den Tomatenketchup nicht! Er ergänzt hervorragend mit seiner süßsauren Komponente die fette Üppigkeit der Brühe und schafft, wohldosiert, einen harmonisch-runden Geschmack.

Zutaten für 6 Personen

1 Poularde (2 kg)
Salz
1 TL Ingwer
80 g Butterschmalz
etwas Brühe
2 EL Tomatenketchup

Für die Füllung

40 g Butter
2 Eier
50 g geriebene Walnüsse
1 Prise Ingwer
1 TL Paprika (edelsüß)
1 Prise Zucker
Thymian
Salz
etwas Petersilie
Zitronenschale
1 Apfel
1 Zwiebel
Paniermehl

Zubereitung

Für die Füllung in einer Schüssel 40 g Butter schaumig rühren, Eier, Nüsse, Gewürze, Zucker und fein gewiegte Petersilie, die geriebene Zwiebel, Zitronenschale und den geriebenen Apfel hinzufügen, salzen und alles gut verrühren. Zu dieser Mischung so viel Paniermehl geben, dass eine dickliche Masse entsteht. Die gesäuberte, ausgenommene Poularde

gut abwaschen, innen salzen und mit gemahlenem Ingwer würzen, von außen nur salzen und die Bauchhöhle mit der vorbereiteten Masse füllen, die Öffnung zunähen und zusammen binden. Die so vorbereitete Poularde in Butterschmalz im Backofen bei 220 °C goldbraun braten.
Während des Bratens die Poularde von Zeit zu Zeit mit Bratensaft begießen und nach Bedarf den Saft mit etwas Brühe auffüllen. Die gebratene Poularde zerschneiden, die Füllung vorsichtig heraus nehmen, in Scheiben schneiden und in die Mitte einer vorgewärmten Platte legen. Die in Portionen tranchierte Poularde um die Füllung herum anrichten, mit Tomaten und Petersilie garnieren.
Den Bratensaft mit etwas Ketchup abschmecken, würzen, aufkochen und gesondert in einer Sauciere reichen.

Hasenrücken nach Karlsbader Art

Der Hasenrücken auf Karlsbader Art ist in Böhmen ein Festtagsbraten und wird gerne zu Kartoffelmus mit Rosinen und Apfelsalat gereicht.

Zutaten

1 enthäuteter Hasenrücken
Salz
Pfeffer
150 g Speck
100 g Butter
80 g Zwiebel
Fleischbrühe
20 g Stärkemehl
250 ml Sahne
etwas Zitronensaft
500 g Äpfel
150 g Mayonnaise
1 EL Ketchup
1 EL Kognak
600 g Kartoffelpüree
5 EL Sahne
100 g Rosinen

Zubereitung

Den Hasenrücken in 4 gleich große Portionen teilen, leicht salzen, pfeffern, mit dünnen Speckscheiben belegen und mit einem Bindfaden umwickeln. In der Bratpfanne Fett zerlassen, die fein geschnittene Zwiebel dazugeben und darauf die vorbereiteten Portionsstücke legen. Im Backofen etwa 60 bis 90 Minuten braten. Ab und zu Brühe auffüllen. Den Hasenrücken warm stellen.
Den Bratensaft etwas einkochen und gegebenenfalls mit angerührter Stärke binden. Den Saft mit Sahne auffüllen, salzen, mit Zitronensaft abschmecken und kurz kochen. Die Hasenportionen auf einer

vorgewärmten Platte anrichten und mit der passierten Sahnesauce begießen.
Die Äpfel abschälen, kleinwürfelig schneiden, mit der Mayonnaise verrühren und diesen Salat mit Ketchup und Kognak abschmecken. Das Kartoffelpüree mit der Sahne schaumig schlagen und die gewaschenen, kurz gekochten Rosinen darunter mischen.

Rehröllchen nach mährischer Art

Zutaten für 6 Personen

6 Rehschnitzel à 150 g
Salz
6 Scheiben Speck
50 g süßer Paprika
5 Zwiebeln
60 g Schweinefett
1 EL Wildbretgewürz
etwas geriebene Zitronenschale
40 g Mehl
Worcestersauce
etwas Brühe

Zubereitung

Die Schnitzel plattieren, salzen, auf jedes Schnitzel eine in Paprika gewendete Speckscheibe legen und mit einem Teil der fein gewiegten Zwiebeln bestreuen. Das Schnitzel zusammenrollen und mit einem Faden umwickeln. In der Kasserolle in heißem Schweinefett die restlichen Zwiebeln aufschäumen lassen, die vorbereiteten Röllchen dazugeben und von allen Seiten rasch anbraten. Wildbretgewürz und Zitronenschale zufügen, Brühe zugießen und zugedeckt weich schmoren. Die Röllchen in der Kasserolle etwas zur Seite schieben, den Saft stark einkochen, mit Mehl bestäuben, anrösten, Brühe hinzufügen und die Rehröllchen weich dünsten. Den Faden entfernen, die Röllchen auf eine Platte legen. Die Bratensauce durchseihen, salzen und mit Worcestersauce abschmecken und über das Fleisch gießen.

Hirschroulade nach Böhmerwaldart

Wild ist ein alter Bestandteil der böhmischen Küche. Aus den böhmischen und mährischen Wäldern kam es schon in früheren Jahrhunderten auf die Märkte und in die Küchen.

Zutaten für 6 Personen

6 Hirschrouladen aus der Keule à 150 g
Salz
Pfeffer
20 g Senf
3 Zwiebeln
3 EL gehackte Petersilie
20 g Kapern
2 Sardellenfilets
100 g durchwachsener Speck
1 Gewürzgurke
100 g Butter
200 ml Sahne
40 g Mehl
10 g Senf
Worcestersauce
Fleischbrühe nach Bedarf

Zubereitung

Die Rouladen leicht klopfen, salzen, pfeffern, mit etwas Senf bestreichen, mit fein geschnittener Zwiebel, Petersilie, fein gehackten Kapern und Sardellen, dem kleinwürfelig geschnittenen Speck und der kleinwürfelig geschnittenen Gurke bestreuen. Das Fleisch zusammenrollen und mit einem Faden umwickeln. In einer Kasserolle in heißer Butter die Roulade erst auf allen Seiten rasch anbraten und im Backofen anfangs zugedeckt schmoren und dann offen weich braten. Nach Bedarf während des Schmorens Brühe zugießen.

Von dem fertig gebratenen Fleisch den Faden entfernen und das Fleisch in Portionen schneiden.
Zum Bratensaft Sahne gießen, in der Mehl verquirlt wurde, mit Senf und Worcestersauce abschmecken, gut kochen. Die passierte Sauce über die Portionen gießen. Die Hirschroulade kann man auch im nicht gebundenen Bratensaft servieren.
Ist das Fleisch von einem älteren Tier, dann vor der Zubereitung mehrere Tage in eine Beize oder in Buttermilch legen.

Fasan nach böhmischer Art

Zutaten für 6–8 Personen

2 küchenfertige Fasane
Salz
125 g fetter Speck
100 g Butter
2 Zwiebeln
6 Pfefferkörner
4 Gewürzkörner
etwas Thymian
125 ml Wildbrühe

Zubereitung

Die geputzten, vorbereiteten Fasane abspülen, innen und außen salzen, die Brust und die Keulen mit der Hälfte der Speckmenge spicken und dressieren. In der Butter und dem restlichen geschnittenen Speck die fein geschnittene Zwiebel dünsten, würzen, die Fasane auf den Keulenseiten anbraten, Brühe dazugießen und insgesamt etwa 60 bis 90 Minuten braten. Während des Bratens ab und zu das Fleisch mit dem eigenen Saft begießen und nach Bedarf den Saft mit etwas Brühe auffüllen. Die gebratenen Fasane in Portionen teilen und nach dem Anrichten entweder mit dem klaren oder dem mit Mehl gebundenen Bratensaft begießen. Den Saft nicht durchseihen, nur das Gewürz entfernen.

Fisch

Am Morgen des Heiligen Abend ging Herr Stransky zeitig aus dem Haus. Dann besorgte er Fisch; er suchte zwei schöne Karpfen aus, einen mit Rogen und einen mit Milchner („das gibt eine gute Suppe!") und eilte nach Hause…

Jan Neruda, *„Bilder aus dem alten Prag"*

Böhmen ist eine uralte Kulturlandschaft, in der wie kostbarer Perlen- und Granatschmuck Kirchen, Klöster und Kapellen den Blick auf sich ziehen. In einer solchen Landschaft, die durch ein Jahrtausend christlicher Kultur geprägt ist, hat auch das Alltagsleben Normen und Gebote des Christentums in sich aufgesogen. Die Fastengesetze zum Beispiel: Sie brachten Fischteiche hervor, die von speziellen Teichbauern angelegt wurden. In den dunklen Gewässern: schwere und delikate Karpfen. Noch heute sind Südböhmens Karpfenteiche beliebte Lieferanten für diesen begehrten Weihnachtsfisch.

Aber wo ein Karpfenteich ist, ist natürlich auch ein Hecht. Er sorgt dafür, dass die Karpfen nicht zu träge werden und Moos ansetzen. Außerdem verdanken wir ihm, dass er, auf Budweiser Art bereitet (nämlich knusprig und goldgelb), uns wohlig den Gaumen kitzelt.

Karpfen oder Schleie mit saurer Sahne

„Übrigens sind alle Menschen aus Karpfen entstanden."

Jaroslav Hášek: „Die Abenteuer des braven Soldaten Schwejk"

Zutaten

1000 g Karpfen oder Schleie
Salz
50 g Butter
1 fein gehackte Zwiebel
1 TL fein gehackte Petersilie
1 TL gehackte, verschiedene Kräuter
250 ml saure Sahne
5 EL Instant-Bratensaft

Zubereitung

Den vorbereiteten Fisch in Stücke teilen und salzen. In der heißen Butter Zwiebel, Petersilie und Kräuter dünsten, die Fischstücke hinein legen und mit der sauren Sahne und Bratensaft begießen. 20 Minuten im Backofen garen.

Hecht oder Zander gespickt und gebraten

Künstlich angelegte Seen dienten besonders in Nordböhmen zunächst einmal dem Fischfang, später dann auch dem Badevergnügen der Sommergäste.

Zutaten

1 Hecht oder 1 Zander
Salz
50 g Speck
60 g Butter
1 kleine Zwiebel
einige schwarze Pfefferkörner
125 ml Weißwein
Zitronenscheiben
3 EL fein gehackte Petersilie

Zubereitung

Den vorbereiteten Fisch salzen, den ganzen Rücken entlang vorsichtig mit schmalen Speckstreifen spicken und leicht mit Mehl bestäuben. 30 Minuten liegen lassen, dann in einen Fischbräter legen, mit der zerlassenen Butter und dem Wein begießen, die Gewürze dazugeben und den Bräter in den Backofen stellen. Unter fleißigem Begießen 30 Minuten bei 180 °C braten. Mit Zitronenscheiben und Petersilie anrichten.

Gerollter Aal in Tomatensauce

Zutaten

800 g Aal
Salz
50 g Butter
4 EL Weißwein
2 EL Zitronensaft

Sauce

40 g Butter
40 g Mehl
3–4 EL Tomatenmark

Zubereitung

Den vorbereiteten, gehäuteten Aal gut waschen und salzen. Vom Schwanzende aus den Fisch zusammen rollen und mit einem zugespitzten Holz zusammen stecken. Dann in eine mit Butter ausgestrichene Auflaufform legen. Wein und Zitronensaft darüber gießen und den Fisch mit Pergamentpapier abdecken. 30 Minuten im Ofen braten. Inzwischen aus Butter und Mehl eine Mehlschwitze bereiten, Tomatenmark dazugeben, mit Brühe, die sich beim Braten des Fisches gebildet hat, auffüllen, gut durchkochen, abschmecken und beim Anrichten über den Fisch gießen.

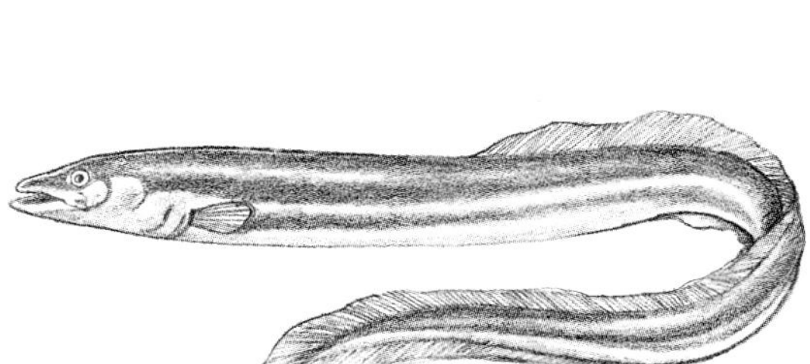

Fischpflanzerl

Ja, das waren noch Zeiten, als Moldau und Elbe noch eine große Fülle verschiedenster Fischsorten hergaben! Heute liefern als Ersatz die böhmischen Fischteiche eine Reihe edler Fische, unter anderem (neben Karpfen und Hecht) die dem Karpfen verwandte Schleie. Und auch die Forelle wird in strömungsreicheren Teichen gezogen. Dieses Fischgericht, das anderswo auch „Fischfrikadellen" heißt, lässt sich auch mit Seefisch zubereiten.

Zutaten

750 g Süß- oder Salzwasserfisch
Saft einer Zitrone
2 altbackene Semmeln
2 Eier
Salz
1 Prise Pfeffer
1 fein gehackte Zwiebel
etwas Mehl
1 TL Petersilie
100 g Fett

Zubereitung

Den vorbereiteten Fisch entgräten, mit Zitronensaft beträufeln und zusammen mit den ausgedrückten Semmeln durch den Fleischwolf drehen. Zwiebel und Petersilie in 20 g Fett andünsten, mit Eiern, Salz und Pfeffer unter das Fischfleisch rühren. Auf einem mit Mehl bestäubten Brett Pflanzerl formen und langsam im restlichen heißen Fett ausbacken.

Zander nach Prager Art

Der Zander auf Prager Art kann sowohl als Vorspeise, Zwischengericht, aber auch als Hauptmahlzeit gegessen werden. Traditionell wird er mit Petersilienkartoffeln und brauner Butter gereicht.

Zutaten für 6 Personen

6 Portionen Zander à 150 g
ca. 1 l Gemüsebrühe
Salz
100 g Butter
Petersilie zum Garnieren
geriebener Meerrettich nach Geschmack

Zubereitung

Die abgespülten, gesalzenen Fischportionen in der Brühe weich kochen. Dann auf einer Platte anrichten, mit heißer Butter beträufeln und mit Petersilie garnieren. Nach Belieben geriebenen Meerrettich dazu reichen.

Hechtschnitten nach Budweiser Art

Budweiser Art, wie kann es anders sein, impliziert die Verwendung von frischem Budweiser Pils. Deshalb versuchen Sie das hervorragende Budweiser zu kaufen, was heutzutage keine Schwierigkeit mehr darstellt.

Zutaten für 6 Personen

1,5 kg Hecht
Salz
2 Zwiebeln
2 EL grob gehackte Petersilie
500 g Fett oder Öl zum Ausbacken

Bierteig

200 g Mehl
Salz
ca. 400 ml helles Bier
1 EL Öl
3 Eier

Zubereitung

Den Hecht abschuppen, ausnehmen, waschen, salzen, in Scheiben schneiden, in eine Schüssel legen, mit blättrig geschnittener Zwiebel und grob gehackter Petersilie bestreuen und 30 Minuten abgedeckt stehen lassen.
In der Zwischenzeit den Bierteig zubereiten. Mehl, Salz, Bier, Öl und 2 Eigelb zu einem glatten Teig verrühren und kurz vor dem Gebrauch (nach mindesten 30-minütigem Stehen) den fest geschlagenen Eischnee von 3 Eiweiß mit dem Teig vermengen. Dann die Zwiebeln und Petersilie vom Hecht entfernen, die Fischschnitten in den Bierteig tauchen, in heißem Fett goldgelb backen und auf Küchenkrepp abtropfen lassen. Auf einem großen Teller anrichten und mit Petersilie und Zitronenscheiben garnieren.

Karpfen nach Pilsener Art

Natürlich wird zu einem Karpfen auf Pilsener Art ein helles Bier getrunken, am besten natürlich aus der Stadt Pilsen mit ihrer alten Bierbrauertradition.

Zutaten

4 Portionen (abgeschuppter) Schuppenkarpfen à 150 g
Salz
500 ml Pils
1 kleine Zwiebel
1 Nelkengewürz
1 Lorbeerblatt
8 Pfefferkörner
50 g Butter
30 g Mehl

Zubereitung

Die geputzten Karpfenportionen salzen, in eine Kasserolle legen, mit Bier auffüllen. Die ganze geschälte Zwiebel, Gewürze und Mehlbutter (Butter mit Mehl vermengen) dazugeben und alles langsam 18 bis 20 Minuten kochen. Die gekochten Karpfenportionen vorsichtig aus der gebundenen Brühe herausnehmen, auf einer Platte anrichten und mit der gebundenen, geseihten Fischbierbrühe übergießen.

Böhmischer Karpfen

Zutaten für 6 Personen

1 Karpfen (ca. 1,5 kg)
125 ml Essig
125 ml Rotwein
150 g Suppengrün
6 Pfefferkörner
1 Suppenlöffel Honig
70 g Lebkuchen (unglasiert)
40 g Mandeln
80 g Dörrpflaumen
40 g Rosinen
40 g Walnußkerne

Zubereitung

Den Karpfen entschuppen, ausnehmen, waschen, in entsprechende Portionen teilen und ohne Kopf ca. 20 Minuten lang in Salzwasser kochen. Den Karpfenkopf von Augen und Kiemen befreien und in einem Gemisch aus Wasser, Essig, Wein, Salz, Suppengrün und Pfefferkörnern 30 Minuten kochen. Dann Honig und geriebenen dunklen Lebkuchen hinzufügen, die Sauce eine weitere Viertelstunde kochen und passieren. Die überbrühten, geschälten und länglich geschnittenen Mandeln, die gedörrten, entkernten, länglich geschnittenen Pflaumen, geviertelten Nüsse und Rosinen in die passierte Sauce geben, gut verrühren und kurz aufkochen lassen. Den gekochten Karpfen auf einer Platte anrichten und mit der Sauce übergießen.

RESTAURACE

Gemüse

…und reift nur eben der Sommer die Früchte,
denkt sie an Vorrat schon für den Winter.
Im kühlen Gewölbe gärt ihr der kräftige Kohl,
und reifen im Essig die Gurken…

So dichtete einst der Geheimrat Goethe. Der Dichterfürst, der zwischen 1785 und 1823 siebzehnmal in Böhmen war, hat dort sicherlich häufig (Sauer-)Kraut genossen; es ist ja das böhmische Gemüse schlechthin. Serviert wird es meist mit Schweinebraten oder Würsten. Und auch hier gilt der Satz des Nichtböhmen Wilhelm Busch: „…wofür sie besonders schwärmt, wenn er wieder aufgewärmt“.

Aber außerdem ist auch alles, was aus der Rübenfamilie dem Boden entsprießt, in der böhmischen Gemüseküche seit altersher beliebt. Kein Wunder also, dass Rübezahl, der Berggeist an der nördlichen Grenze Böhmens, Rüben zählen muss.

Sauerkraut

Zutaten

1 fein gehackte Zwiebel
40 g Schweinefett
1 TL Paprikagewürz
Salz
500 g Sauerkraut
125 ml Sahne

Zubereitung

Die Zwiebel im heißen Fett gelb rösten, mit Paprika würzen, aufschäumen lassen, das Kraut dazu geben, salzen und weich dünsten. Kurz vor dem Anrichten die Sahne unterrühren.

Ungarischer Krautstrudel

Für den Strudelteig

250 g Mehl
1 Eiweiß
1 EL Öl
125 ml lauwarmes Wasser mit 2 Tropfen Essig
1 Prise Salz

Für die Füllung

1 kleiner Weißkohl
70 g Schweinefett
2 EL gehackte Zwiebel
Salz
1 TL Paprikagewürz
125 ml saure Sahne

Zubereitung

In das auf ein Brett gesiebte Mehl eine Grube drücken, die anderen Zutaten hinein geben und rasch, von der Mitte aus, zu einem weichen Teig verarbeiten, der durch das Kneten trockener wird. Dann fest schlagen oder mit dem Handballen kneten, bis er Blasen bekommt und sich vom Brett und von den Händen löst. Danach den Teig in zwei Teile teilen, diese in eine Schüssel legen und mit etwas Öl bestreichen. Zugedeckt den Teig 30 Minuten ruhen lassen.
In der Zwischenzeit für die Füllung die Zwiebel im heißen Fett rösten, das Paprikagewürz dazu geben und einmal aufschäumen lassen. Das fein geschnittene Kraut darunter rühren, salzen und weich dünsten. Zum Schluß die Sahne dazu gießen. Das Kraut erkalten lassen. Nun die beiden Teighälften auf einem gut bemehlten Tuch etwas auswalken

und sie vorsichtig von der Mitte her ganz dünn ausziehen. Den dicken Teigrand abschneiden und zu Nudeln verwenden.
Das Kraut auf eine vorbereitete Teighälfte geben, den restlichen Teig darauf legen und die Teigränder miteinander verbinden. Auf ein gefettetes Backblech legen, mit Butter bestreichen und 30 Minuten bei 200 °C backen.

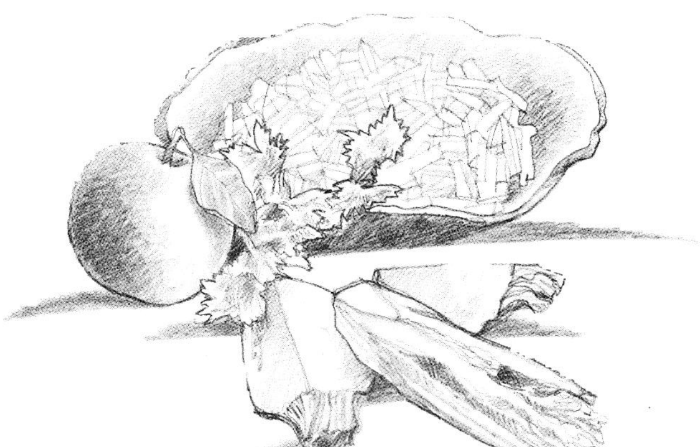

Gefüllter Wirsing

Wirsing – ein oft verkanntes, aber edles Gemüse, das zu Recht seit geraumer Zeit auch in der eleganten Sterne-Küche geschätzt wird, hat in Böhmen eine ruhmreiche Tradition. Auch dieses Gericht findet man auf dem Speisezettel der böhmischen Hausfrau.

Zutaten

2 kleine Wirsingköpfe
Salz
40 g Fett
40 g Mehl
etwas Fleischbrühe

Für die Füllung

250 g gehacktes Fleisch (halb Rind, halb Schwein)
1 Ei
1 altbackene Semmel
Salz
Pfeffer
1 TL gehackte Zwiebel
250 ml Fleischbrühe

Zubereitung

Die äußeren Blätter von den Wirsingköpfen entfernen und diese in kochendem Wasser angaren, damit sich die Blätter besser biegen lassen. Aus den für die Füllung angegebenen Zutaten einen Fleischteig zubereiten, die vorbereiteten Wirsingköpfe in eine Pfanne setzen, mit Salz bestreuen, die Blätter auseinander biegen und in der Mitte der Wirsingköpfe die Füllung verteilen. Brühe darunter gießen und das Gemüse ungefähr 1 Stunde dünsten, bis es weich ist.

Paprikagemüse

Zutaten

750 g Paprikaschoten
50 g Fett
1 große Zwiebel
Salz
500 g frische Tomaten
125 ml saure Sahne

Zubereitung

Die fein gehackte Zwiebel in heißem Fett goldgelb dünsten, die nudelig geschnittenen Paprikaschoten dazugeben, sie salzen und, zugedeckt, 20 Minuten dünsten. Dann die in dünne Scheiben geschnittenen Tomaten dazugeben, nochmals das Ganze durch kochen und kurz vor dem Anrichten die Sahne darunter rühren.

Linsengemüse

Zutaten

500 Linsen
Salz
50 g Fett oder Speck
60 g Mehl
1 EL gehackte Zwiebel
etwas Essig
etwas Zucker

Zubereitung

Die Linsen waschen und über Nacht in Wasser einweichen. Am nächsten Tag im Einweichwasser, vom Wasser bedeckt, unter Zugabe von Speck weich kochen. Die Zwiebel im Fett oder gewürfelten Speck anrösten und das Mehl darin erhitzen. Mit etwas Wasser auffüllen und den Linsen beigeben. Nicht zu kräftig rühren, damit die Linsen ganz bleiben. Alles gut durchkochen, mit Essig und Zucker abschmecken.

Gurken nach böhmischer Art

Die Gurken auf böhmische Art reicht man als Beilage zu kurz gebratenem Fleisch und Braten.

Zutaten für 6 Personen

1 kg grüne Gurken
50 g Speck
1/2 Zwiebel
Salz
3 EL Petersilie
Zitronensaft

Zubereitung

Die Gurken waschen, schälen, halbieren, die Kerne entfernen, in etwa 6 cm lange und 2 cm breite Stücke schneiden. Den Speck in einer Kasserolle auslassen, die fein geschnittene Zwiebel mit dem Speck leicht rösten, die Gurken hinzu geben, salzen und im eigenen Saft glasig dünsten. (Die Gurken dürfen nicht zu weich werden, sondern müssen mürbe bleiben.) Muß beim Dünsten etwas Flüssigkeit zugegossen werden, verwendet man den Gurkensaft aus den entfernten, ausgedrückten Kernen und dem Fruchtfleisch.
Die gedünsteten Gurken in einer Schüssel anrichten, mit der fein gewiegten Petersilie bestreuen und mit Zitronensaft beträufeln.

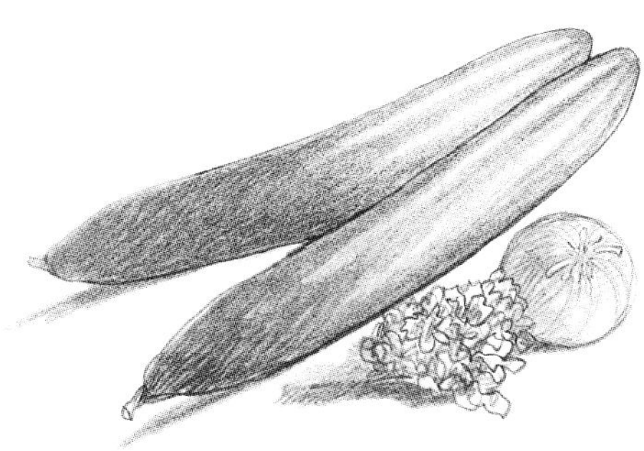

Spinat auf mährische Art

Achten Sie bei der Zubereitung von Spinat darauf, dass der Spinat nicht zerkocht. Das dient erstens dem Erhalt der Vitamine und zweitens dem Erhalt des Geschmacks.

Zutaten für 6 Personen

1,5 kg frischer Spinat
Salz
Wasser
50 g Butter
40 g Mehl
1/2 Zwiebel
Pfeffer
1 Knoblauchzehe
125 ml Brühe

Zubereitung

Den gut gewaschenen Spinat in kochendes Salzwasser geben und bei geöffnetem Deckel garen. Das Wasser durch ein Sieb abgießen, den Spinat sofort mit kaltem Wasser abschrecken und ausdrücken, anschließend durch den Fleischwolf drehen. Aus Butter, Mehl und der fein geriebenen Zwiebel eine Mehlschwitze herstellen, den gepressten Knoblauch hinzufügen und alles kurz anrösten. Mit Brühe auffüllen, den passierten Spinat zugeben, mit Pfeffer würzig abschmecken und und noch einmal kurz kochen.

Tomaten mit Pilzfüllung

Ein ideales Essen für den späten Sommer, wenn die Tomaten noch an den Stauden hängen und die Pilze schon im Wald stehen.

Zutaten für 6 Personen

12 große Tomaten
Salz
Pfeffer
100 g Butter
500 g Champignons oder Mischpilze
100 g Zwiebel
1 Bund Petersilie
60 g Parmesan
50 g Paniermehl

Zubereitung

Von den Tomaten oben einen Deckel abschneiden und das Innere aushöhlen. Die gewaschenen, geputzten Pilze fein wiegen und mit der fein geschnittenen Zwiebel mischen. In einem Topf 50 g Butter zerlassen, die Pilzmischung und die fein gewiegte Petersilie mit Salz und Pfeffer würzen und etwa 8 Minuten dünsten. Diese Masse gehäuft in die Tomaten füllen, mit geriebenem Käse und Paniermehl bestreuen und mit etwas zerlassener Butter beträufeln. In einer Kasserolle weitere Butter zerlassen, die gefüllten Tomaten hinein setzen und 8 Minuten im vorgeheizten Backofen bei 220 °C braten.

Mährische Gemüsepastete

Zutaten für 6 Personen

500 g Mischgemüse (Möhre, Sellerie, Kohlrabi)
200 g Reis
4 Eier
40 g Paniermehl
Salz
Pfeffer
125 g gewürfelter Speck
125 ml saure Sahne
Butter
3 Tomaten zum Garnieren

Zubereitung

Das Gemüse bissfest dünsten und grob zerkleinern. Reis in Salzwasser bissfest garen. Den Speck kross anbraten und mit den übrigen angegebenen Zutaten gut verrühren. Gemüse, Reis und die angerührte Mischung in eine mit Butter gefettete und mit etwas Semmelmehl ausgestreute Form füllen und im Backofen im Wasserbad etwa 45 Minuten garen. Die fertige Pastete auf eine Platte stürzen, mit Tomatenvierteln garnieren.

Hefeklöße

Zutaten

40 g Hefe
1/4 l lauwarme Milch
500 g Mehl
50 g Zucker
1 Päckchen Vanillezucker
50 g Butter
1 Ei
Salz

Zubereitung

Die Hefe mit 3 EL lauwarmer Milch in einer Tasse auflösen. Aus Mehl, Zucker, Vanillezucker, zerlassener Butter, Ei, einer Prise Salz, der restlichen lauwarmen Milch und der aufgelösten Hefe einen festen Teig bereiten und schlagen, bis er Blasen wirft. Eventuell noch etwas Mehl zugeben, denn der Teig soll nicht an den Händen kleben. Mit einem Tuch abdecken und an einem warmen Ort 30 Minuten gehen lassen. Aus dem Teig etwa 10 Klöße formen, auf ein bemehltes Brett legen, abdecken und nochmals aufgehen lassen. Einen breiten Topf etwa zu einem Drittel mit Wasser füllen und aufkochen. Ein Tuch, möglichst aus Mull, darüber spannen, die Klöße darauf legen, mit einer großen, umgestürzten Schüssel abdecken und über dem kochenden Wasser 10–15 Minuten garen. Die Klöße vor dem Servieren mit zwei Gabeln oben leicht aufreißen. Eventuell mit brauner Butter übergießen oder Pflaumenmus oder Backobst dazu reichen.

Kulajda

Dieser Eintopf wird in Südböhmen gern gegessen. Falls Sie dieses Gericht zum ersten Mal zubereiten, seien Sie mit der Verwendung von Dill eher etwas zurückhaltend als zu überschwenglich. Dill hat ein kräftiges Durchsetzungsvermögen! Reichen Sie dazu einfach etwas Salzgebäck und ein kühles Pils, der Geschmack ist überwältigend.

Zutaten für 6 Personen

250 g Pfifferlinge
4 große Kartoffeln
1 Zwiebel
250 ml saure Sahne
20 g Mehl
2 Eier
1 Lorbeerblatt
etwas Dill
Kümmel
Salz

Zubereitung

Kartoffeln schälen, abwaschen, in größere Stücke schneiden, in einen Topf geben, Salz, Kümmel, klein geschnittene Zwiebel und geputzte Pfifferlinge hinzufügen, mit Wasser auffüllen und weich kochen. In der Sahne Mehl verquirlen und zu den gekochten Kartoffeln und Pfifferlingen gießen, gut verrühren. Danach zwei geschlagene Eier in die dicke, kochende Suppe verrühren, etwas Dill und Lorbeerblatt dazugeben und unter öfterem Rühren noch 10 Minuten kochen.

Pilzklöße

Ein Herbst- oder Winterabend mit Wildschwein, Reh oder Fasan und dazu Pilzklöße, da jubeln vor Freude selbst die Baumkronen des Böhmerwaldes!

Zutaten für 6 Personen	*50 g Fett* *200 g frische Pfifferlinge* *1/2 Zwiebel* *3 EL Petersilie* *8 Semmeln* *gut 250 ml Milch* *2 Eier* *Salz* *Pfeffer* *20 g Paniermehl* *60 g Mehl* *Schale einer halben Zitrone* *80 g gewürfelter Speck* *Tomaten*

Zubereitung

In einer Kasserolle das Fett zerlassen, die fein geschnittene Zwiebel und die fein gewiegte Petersilie darin schäumen, die in kleine Würfel geschnittenen Semmeln hinzugeben und knusprig rösten, anschließend abkühlen lassen. Eier mit der Milch verquirlen, salzen, auf die kalten, gerösteten Semmelwürfel gießen und etwa 30 Minuten stehen lassen. Dann Paniermehl, Mehl, geriebene Zitronenschale, Pfeffer und die geputzten, gewaschenen, geschnittenen und in Speck gedünsteten Pilze zugeben und alles gut mischen. Aus dieser Masse runde Klöße formen, gut zusammendrücken und in kochendem Salzwasser etwa 10 Minuten kochen. Die fertigen Klöße mit dem Schaumlöffel aus dem Wasser nehmen, auf einer Platte anrichten und mit Tomaten und Petersilie garnieren.

Pilzkuba

Pilzkuba reicht man in Südböhmen zu den Weihnachtsfeiertagen. Dazu serviert man saure Gurken oder einen knackigen Salat.

Zutaten für 6 Personen

300 g Graupen
60 g Schweinefett
50 g Zwiebel
Salz
250 g frische, gemischte Pilze oder
35 g getrocknete Pilze
Kümmel
1 Knoblauchzehe
etwas Majoran
gemahlener Pfeffer

Zubereitung

Graupen in kaltem Wasser waschen und gut abtropfen lassen. In einer Kasserolle die fein geschnittene Zwiebel in Fett anschwitzen, die Graupen hinzugeben, etwas anrösten, salzen, mit Wasser auffüllen und zugedeckt, am besten im vorgeheizten Backofen, weich kochen. Die frischen Pilze putzen, waschen, gut abtrocknen und in Scheiben schneiden. Getrocknete Pilze zunächst abspülen und vor der weiteren Verwertung etwa 1 Stunde in Wasser oder Milch einweichen. Erst dann weiter verarbeiten. Die vorbereiteten Pilze in Fett mit dem Kümmel etwa 10 Minuten dünsten und dann mit den gekochten Graupen gut vermischen, mit Majoran, Pfeffer und zerdrücktem Knoblauch würzen, eventuell noch etwas salzen und in eine gefettete Bratpfanne geben und glatt streichen. Die Oberfläche des Gerichtes mit zerlassenem Fett beträufeln und im vorgeheizten Backofen bei 200 °C 30 Minuten backen.

Kartoffelgerichte

Lob der Kartoffel

Es ist schon ziemlich lange her,
da kamen sie quer übers Meer,
und war'n in Körben unterwegs
im Bauch der Schiffe Francis Drakes'.

Sie waren schmutzig, länglich, rund
und wirkten ziemlich ungesund.
Doch Drake sprach: „Dieses sind Pataten,
man kann sie kochen sowie braten."

Ein Lob gebührt drum diesem Manne
für die Kartoffeln in der Pfanne!
Wie liegen sie da knusprig-braun,
wie knackt es wunderbar beim Kau'n.

Ich lieb' sie aber auch gestampft;
und wenn's dann in der Schüssel dampft,
dann wirkt das sahnige Püree
fast wie ein heil'ger Berg aus Schnee.

Der wird mit Butter flugs begossen,
die kommt den Hang herab geflossen,
vermengt mit krossen Zwiebelringen.
Da lacht das Herz und möchte singen.

Ladislav Dajc

Auch die Böhmen haben nach Einführung der Kartoffel große Phantasie aufgewendet, um das billige Alltagsessen mit wenig Aufwand zum Nutzen von Auge und Gaumen zu variieren: Hier hat die Not nicht nur erfinderisch gemacht, sondern sogar einen eigenen kleinen kulinarischen Kosmos geschaffen.

Kartoffeln nach Art des Riesengebirges

Zutaten für 6 Personen

1,5 kg Kartoffeln
Salz
60 g durchwachsener Speck
40 g Mehl
250 ml saure Sahne
etwas Essig
etwas Dill oder Schnittlauch
evtl. 1 Lorbeerblatt
etwas Zucker
6 weich gekochte Eier

Zubereitung

Die Kartoffeln schälen, in Viertel teilen, abwaschen und in Salzwasser halb gar kochen. Den Speck kleinwürfelig schneiden, anrösten, Mehl überstäuben, anschwitzen und mit Essig gesäuertem Kartoffelwasser aufgießen, salzen und kurz kochen.
In die eingedickte Sauce die halb gekochten, abgegossenen Kartoffeln, fein gewiegten Dill oder fein geschnittenen Schnittlauch, eventuell ein Lorbeerblatt und wenig Zucker geben, die Kartoffeln in der Sauce weich kochen. Zum Schluß die saure Sahne dazugießen und alles kurz erwärmen. Die fertige Sauce kann noch mit einem Eigelb legiert werden.
In jede Portion ein gekochtes Ei legen und sofort servieren.

Gebratene Kartoffeln

So ideal mehligkochende Kartoffeln bei einem Braten mit Sauce sein mögen, für Bratkartoffeln sind fest kochende Sorten zu empfehlen.

Zutaten für 6 Personen	*1,5 kg Kartoffeln* *125 g Schweinefett* *Salz*
Zubereitung	Kartoffeln abwaschen, schälen und würfeln. In kaltes Wasser legen, damit sie nicht braun werden. Nicht lange wässern! Mit einem Geschirrtuch abtrocknen. In einer größeren Pfanne Fett sehr heiß werden lassen, die abgetrockneten Kartoffelstücke hineinlegen und zugedeckt goldgelb braten. Während des Bratens von Zeit zu Zeit vorsichtig wenden. Die gebratenen Kartoffeln in einem Sieb abtropfen lassen, salzen und gleich servieren.

Böhmische Kartoffelplätzchen

Böhmische Kartoffelplätzchen neigen ein wenig dazu, schwer im Magen zu liegen, aber es gibt ja schließlich Becherovka (Becherbitter), Sliwowitz, Prager Wodka und Myslivecká (Jägerschnaps), die beim Verdauen helfen!

Zutaten für 6 Personen

750 g gekochte Kartoffeln
Salz
etwa 350 g Mehl
2 Eier
250 g Grieben
30 g Schweinefett
etwas Petersilie

Zubereitung

Die gekochten Kartoffeln passieren, das Mehl, die kalten, fein gehackten Grieben, Eier und Salz hinzufügen, alles gründlich mischen. Den Teig auf dem mit Mehl bestäubten Backbrett 1/2 cm dick ausrollen und mit einer runden Form Plätzchen ausstechen. Die Plätzchen auf ein ungefettetes Blech legen und bei 200 °C im Backofen goldgelb backen. Mit heißem Schweinefett bestreichen, in eine Schüssel legen und mit Petersilie garnieren. Die ausgestochenen Plätzchen kann man auch statt im Backofen in einer Pfanne in heißem Öl braten.

Kartoffelknödel aus rohen Kartoffeln

Zutaten für 6 Personen

1 kg rohe Kartoffeln
250 g gekochte Kartoffeln
etwas Milch
1 Ei
Salz
70 g Mehl
80 g Schweinefett
1 Zwiebel

Zubereitung

Die rohen Kartoffeln schälen, abwaschen, fein reiben, in ein Sieb geben, mit etwas heißer Milch übergießen und gut abtrocknen lassen. Dann die geriebenen, rohen Kartoffeln in eine Schüssel geben, die gekochten, geriebenen Kartoffeln, Ei, Salz, Mehl dazufügen und alles gut verrühren. Mit einem in heißes Fett eingetauchten Löffel vom Kartoffelteig größere Klöße (Knödel) ausstechen, in siedendes Salzwasser geben und ungefähr 8 bis 10 Minuten garziehen lassen. Die gar gekochten Knödel mit dem Schaumlöffel herausnehmen, auf einer Schüssel anrichten und mit fein gewiegter, in Fett gebräunter Zwiebel übergießen.

Kartoffelschkubanken

Schkubanken sind nichts anderes als Kartoffelklöße. In früheren Zeiten in Böhmen mußte jede Braut noch vor der Hochzeit ihre Meisterprüfung durch die Zubereitung dieser einfachen Speise ablegen. Und der berühmte „rasende Reporter" Egon Erwin Kisch ließ sich sogar literarisch darüber aus, was man auf die Schkubanken streut: „...In der Tat kann es Zucker und Mohn sein. Weitaus die meisten Esser ziehen aber gebutterten Quark vor, weil dessen weiße Farbe sich vom Gelb appetitlich abhebt. Andere – Puristen – lassen sich den Urgeschmack durch keinen Beigeschmack verleiden, nicht einmal durch Zucker. Ein dritte Gruppe, strenge, männliche Typen, decken die Schkubanken mit Schichten von Salz zu. Andere bestellen zwecks Bestreuung geriebene Nüsse, geriebene Äpfel oder geriebene Birnen, eine sogenannte Prachanda."

Zutaten für 6 Personen

1 kg Kartoffeln
Salz
200 g Mehl

Zum Bestreuen

1 kleine feingehackte Zwiebel, in 50 g Fett geröstet oder:
40 g gemahlener, mit 40 g Zucker vermischter Mohn
50 g Butter

Zubereitung

Die Kartoffeln schälen und in Salzwasser fast weich kochen. Das Wasser abgießen, das Mehl auf die Kartoffeln schütten, mit einem Kochlöffel bis auf den Topfboden mehrere Löcher stechen und darüber etwas abgegossenes Kartoffelwasser gießen, den Topf abdecken und das Gericht am Herdrand 20 Minuten dämpfen lassen. Das überflüssige Kartoffelwasser abgießen, die Kartoffeln mit dem Mehl zerstampfen und zu einem glatten, festen Teig verrühren. Mit Salz abschmecken, mit einem in heißes Fett getauchten Löffel vom Teig größere Klöße ausstechen und diese auf eine vorgewärmte Platte legen. Die fertigen Schkubanken mit gerösteter Zwiebel bestreuen und als Beilage zu Fleisch und Gemüse reichen. Man kann sie aber auch mit zerlassener Butter beträufeln, mit gezuckertem Mohn überstreuen und als Hauptspeise zu Kompott reichen.

Kartoffelknödel

In ganz Böhmen reicht man Kartoffelknödel als Beilage zu gebratenem Fleisch, besonders zu Schweinebraten, Hackbraten, gebratener Gans und Ente, gekochtem Rauchfleisch u. ä. Mit Schweinefett begossen und mit gerösteter Zwiebel bestreut, serviert man sie auch als selbständiges Gericht, dazu gibt es gedünstetes Sauerkraut oder Gemüsesalat als Beilage.

Zutaten für 6 Personen

1 kg mehlige Kartoffeln
50 g Butter
10 g Salz
2 Eier
125 g Mehl
125 g Grieß

Zubereitung

Kartoffeln in der Schale in gesalzenem Wasser gar kochen, abgießen und schälen. Noch heiß durch ein Sieb passieren und sofort Grieß und Mehl dazumischen. Die übrigen Zutaten hinzufügen und die Kartoffelmasse rasch gut durchkneten. Den fertigen Teig auf einem bemehlten Backbrett zu einer Rolle formen, in gleich große Stücke schneiden und runde Knödel von ca. 4 cm Durchmesser formen. Die Knödel sofort in siedendes Salzwasser legen und bei mäßiger Hitze etwa 10 Minuten kochen. Sobald das Wasser zu kochen beginnt, sollten sich die Knödel vom Topfboden lösen lassen. Die fertigen Knödel mit einem Schaumlöffel vorsichtig aus dem Wasser herausnehmen, in eine Schüssel legen und mit zerlassener Butter bestreichen.
Kartoffelknödel kann man auch aus kalten Kartoffeln herstellen. In diesem Fall werden die Kartoffeln gerieben oder durch den Fleischwolf gedreht. Knödel aus kalten Kartoffeln sind gewöhnlich trockener und mürber.

Kartoffelknödelteig immer sofort weiterverarbeiten, weil er durch langes Stehen klebrig wird und seine Festigkeit verliert. Zum Kochen muß man genügend Wasser nehmen, damit die Knödel darin frei schwimmen können. Am besten eignet sich dazu eine breite, große Kasserolle.

Kartoffelknödel-Schmarren nach Art des Böhmerwaldes

Dieses Rezept ist eine wunderbare Verwendung für die Knödelreste vom Vortag. Einfach und delikat, ist es schnell und problemlos zubereitet. Dazu ist es gehaltvoll und sättigend.

Zutaten

600 g Kartoffelknödel
3 Eier
Salz
80 g Fett

Zubereitung

Die gekochten und ausgekühlten Knödel blättrig schneiden und in heißem Fett goldgelb rösten. Dann über den fertigen Schmarren 3 verquirlte, gesalzene Eier gießen und so lange weiter rösten, bis sie stocken.

Paprikakartoffeln

Zutaten

1 kg rohe Kartoffeln
100 g Speck
20 g Fett
1 fein gehackte Zwiebel
Salz
Paprikagewürz
375 ml Fleischbrühe oder Wasser
250 ml saure Sahne

Zubereitung

Die Kartoffeln waschen, schälen, säubern und in Würfel oder in Scheiben schneiden. Den klein gewürfelten Speck im heißen Fett zergehen lassen. Dann die Zwiebel darin gelb rösten. Die Kartoffeln, Salz und Paprika hinzugeben, mit Brühe auffüllen und alles zugedeckt etwa 20 Minuten dünsten lassen. Dann die saure Sahne darüber geben und nochmals einige Minuten dünsten, bis die Kartoffeln gar sind. Das Gericht abschmecken und heiß servieren.

Desserts

Des Menschen Leben ist auf Dauer
doch ziemlich bitter, herb und sauer,
drum wird es allgemein begrüßt,
dass man es dann und wann versüßt.
Die Pflanzenwelt sieht dafür vor
das sogenannte Zuckerrohr
und außerdem die Zuckerrübe –
dies alles dem Geschmack zuliebe.

Ladislav Dajc

Was wäre die böhmische Küche ohne die süßen kulinarischen Üppigkeiten wie Buchteln, Dalken, Plinsen und Kolatschen? Schon beim Aussprechen dieser Wörter ist es, als säße die ehrwürdige Matrone Magdaléna Dobromila Rettigová auf einer großen Puderzuckerwolke am böhmischen Firmament, eingehüllt in Hefeduft, und schüttelte als kulinarische Frau Holle Mandeln und Rosinen auf die Menschheit herab…

Den Kolatschen hat die Rettigová übrigens besonders viel Liebe angedeihen lassen, sowohl was die Form des Teigs betrifft als auch die Füllungen. Lassen Sie ruhig beim Studieren der Rezepte Ihre Phantasie spielen. Und machen Sie es nach einem festlichen Mahl beim Verabschieden der Gäste so, wie es noch heute in Böhmen und Mähren am Ende von Hochzeitsfesten üblich ist: Geben Sie den Besuchern süß gefüllte kleine Kolatschen mit auf den Weg. Eine schöne Lektion, die da lautet: Es lebe der Genuss!

Böhmische Buchteln

Wenn Sie die Buchteln nicht mit Quark oder Mohn füllen, empfehlen wir Powidl: dick eingekochtes Zwetschgenmus.

Zutaten

500 g Mehl
30 g Hefe
100 g Puderzucker
250 ml Milch
50 g Salz
2 Eigelb
150 g Butter
abgeriebene Schale einer Zitrone
250 g Füllung (s. S. 128 u. 129)

Zubereitung

In einer Schüssel Hefe, etwas Wasser und einen Teelöffel Zucker so lange rühren, bis die Hefe dünnflüssig ist. 150 g Mehl und 125 ml lauwarme Milch hinzufügen, verrühren, Mehl überstäuben, mit einem Tuch abdecken und das Hefestück gehen lassen. In eine Schüssel das restliche Mehl, Salz, den übrigen Zucker und die geriebene Zitronenschale geben und alles gut mischen. In die Mitte des Mehls eine Vertiefung machen, das aufgegangene Hefestück hinein schütten. Eigelb in der restlichen Milch verquirlen, nach und nach unter ständigem Rühren an den Teig geben.
Zum Schluss die lauwarme, flüssige Butter beifügen, alles zu einem Teig verarbeiten und aufgehen lassen. Dann den aufgegangenen Teig auf einem Brett 1,5 cm dick ausrollen, 10 cm große Vierecke schneiden und mit Quark, Mohn, Marmelade u. ä. füllen. Die Ecken gut zusammen drücken, Buchteln formen und in eine gefettete Bratpfanne oder Auflaufform setzen. Die Buchteln von allen Seiten mit Butter bestreichen, da-

mit sie sich nach dem Backen besser teilen lassen. Nach dem Aufgehen die Oberfläche auch mit zerlassener Butter bestreichen und bei 175–200 °C im Backofen 20–30 Minuten backen. Noch warm aus der Pfanne stürzen und auskühlen lassen, teilen und mit Puderzucker überstreuen.

Karlsbader Kolatschen

Kolatschen und Buchteln sind klassische böhmische Kirchweihspezialitäten. Kolatschen können Sie, statt mit Marmelade, auch mit Quark füllen, der mit Vanillezucker gesüßt ist. Dann sind es zwar keine Karlsbader Kolatschen mehr, sondern Quarkkolatschen, aber auch die sind hervorragend.

Zutaten für ca. 12 Kolatschen

300 g Mehl
60 g Puderzucker
150 g Butter
3 Eier
Salz
ca. 125 ml Milch
30 g Hefe
150 g Marmelade
100 g feiner Kristallzucker

Zubereitung

Aus Mehl, 1 TL Puderzucker, der Hefe und 4 EL lauwarmer Milch einen Hefeteig bereiten. Eiweiß und Eigelb von 3 Eiern trennen. Die Butter schaumig rühren und mit dem restlichen Puderzucker, 3 Eigelb, dem restlichen Mehl, Salz, Milch und dem Hefestück zu einem Teig vermengen und solange verarbeiten, bis er sich vom Kochlöffel löst. Dann den Teig zum Aufgehen an einen mäßig warmen Ort stellen. Den aufgegangenen Teig auf einem bemehlten Brett fingerdick ausrollen, mit einer runden Form von 7 bis 8 cm Durchmesser runde Scheiben (Kolatschen) ausstechen. Die Scheiben in der Mitte etwas eindrücken und in die so entstandene Vertiefung Marmelade oder eine andere Füllung auftragen. Den Rand der Kolatschen mit dem Eiweiß von 2 Eiern bestreichen, die Kolatschen auf ein gefettetes Blech legen und nach nochmaligem Aufgehen im vorgeheizten Backofen bei 200 °C etwa 20 bis 30 Minuten backen. Herausnehmen und die Füllung mit einer Haube aus steif geschlagenem, gesüßtem Eierschnee überdecken. So zubereitete Kolatschen noch kurz im Backofen überbacken.

Füllungen für Buchteln, Kolatschen und Dalken

Quarkfüllung

Zutaten

350 g Quark
50 g Butter
60 g Puderzucker
2 Eier
1 TL Vanillezucker
20 g Paniermehl
geriebene Zitronenschale

Zubereitung

Eiweiß und Eigelb trennen. In einer Schüssel die Butter mit dem Zucker und dem Eigelb schaumig rühren, Quark, Vanillezucker, Zitronenschale, Paniermehl hinzufügen und alles gut vermischen. Ist die Füllung ziemlich dick, dann etwas Milch dazugeben. Zuletzt den steif geschlagenen Eierschnee in der Füllung leicht verrühren. In die fertige Füllung kann man auch einige überbrühte Rosinen geben.

Mohnfüllung

Zutaten

150 g Mohn
375 ml Milch
60 g Puderzucker
1 TL Vanillezucker
10 g Butter
geriebene Zitronenschale
Zimt
20 g Schokolade

Zubereitung

Den Zucker mit der Milch zum Kochen bringen, den fein gemahlenen Mohn in der Flüssigkeit weich kochen. In einer Schüssel die Butter mit dem gekochten, ausgekühlten Mohn gut verrühren, mit der Zitronenschale und dem Zimt abschmecken und zuletzt die geriebene Schokolade dazu mischen.

Böhmische Dalken

Kolatschen, Buchteln, Dalken: da biegen sich die Balken! (Kinderreim)

Zutaten für 10 Personen

500 g Mehl
30 g Hefe
50 g Butter
70 g feiner Kristallzucker
10 g Salz
400 ml Milch
3 Eigelb
1 Löffel Rum
Zitronenschale oder etwas Vanille
250 g Schweinefett oder Öl
200 g Pflaumenmus
100 g Quark
250 ml Schlagsahne

Zubereitung

In einer Schüssel Hefe und einen TL Zucker so lange mit einem Kochlöffel rühren, bis sie dünnflüssig wird. 100 g Mehl und 125 ml lauwarme Milch zugeben, zu einem dünnflüssigen Hefestück verrühren. Mit Mehl überstäuben, mit einem Tuch bedecken und den Teig gehen lassen. In eine Schüssel das restliche Mehl schütten, Salz, den übrigen Zucker und Zitronenschale zufügen. In die Mitte des Mehls eine Vertiefung machen und das aufgegangene Hefestück hineingeben. In der restlichen lauwarmen Milch das Eigelb verquirlen und unter ständigem Rühren in das Mehl gießen. Zum Schluss zerlassene, lauwarme Butter zufügen und alles mit einem Kochlöffel zu einem glatten Teig verarbeiten. Den Teig mit etwas Mehl bestäuben, mit einem Tuch zudecken und gehen lassen. Auf einem mit Mehl bestäubten Brett den aufgegangenen Teig 1 cm dick ausrollen und runde Plätzchen (Dalken) von etwa 6 cm Durchmesser ausstechen. Die Dalken auf ein mit Mehl bestäubtes Tuch legen und erneut gehen lassen. Vor dem Backen in die aufgegangenen Dalken eine kleine Grube drücken. Zuerst in einer zugedeckten Kasserolle in heißem Fett bzw. Öl schwimmend backen. Sobald sie an der Unterseite goldgelb gefärbt sind, die Dalken wenden und aufgedeckt fertig backen. Mit einem Schaumlöffel heraus nehmen, die Vertiefung mit Pflaumenmus füllen, mit Quarkflöckchen bestreuen, mit Schlagsahne verzieren und überzuckern. Anstelle von Schlagsahne kann man die Dalken auch mit saurer Sahne oder Joghurt begießen. Will man Fett sparen, backt man die Dalken in einer Dalkenpfanne bzw. Bratpfanne mit wenig Fett. Die Dalken mit der Pfanne hin und her bewegen, damit sie nicht anbrennen. Man kann sie auch auf einem gefetteten Blech im heißen Backofen bei 180–200 °C backen.

Vanilleauflauf

Zutaten für 8 Personen

75 g Mehl
400 ml Milch
5 Eier
100 g Zucker
etwas Vanillezucker
75 g Butter

Zubereitung

Das Mehl in eine Kasserolle schütten und langsam unter ständigem Rühren mit dem Schneebesen die Milch zugießen. 2 Eigelb, 50 g Zucker, Vanille und Butter hinzufügen und bei mittlerer Hitze unter ständigem Rühren die Masse etwa 5 Minuten kochen lassen. Die gekochte Masse in eine Porzellanschüssel geben, Vanilleschote entfernen und die Mischung mit einem Kochlöffel so lange rühren, bis sie kalt ist. In die kalte Masse 3 Eigelb und den steifen Eiweißschnee, in den 50 g Zucker eingeschlagen wurden, verrühren. Eine feuerfeste Porzellanschüssel fetten und mit Zucker ausstreuen, mit der vorbereiteten Masse füllen und bei 200 °C im Backofen etwa 40 Minuten backen. Den fertigen Auflauf überzuckern und sofort servieren.

Semmelauflauf mit Äpfeln

Zutaten für 8–10 Personen

10 Semmeln (500 g)
500 ml Milch
2 Eier
500 g Äpfel
100 g Zucker
etwas Zimt
50 g Rosinen
100 g Butter

Zubereitung

Die Semmeln in Scheiben schneiden und in eine Schüssel legen. Eier und Milch verquirlen, über die geschnittenen Semmeln gießen und so lange stehen lassen, bis die Flüssigkeit von den Semmeln aufgenommen ist. Mit 50 g Butter die Auflaufform fetten, auf den Boden etwa ein Drittel der eingeweichten Semmelscheiben legen, darauf die Hälfte der geschälten, in dünne Scheiben geschnittenen Äpfel, und mit der halben Zucker-, Zimt- und Rosinenmenge bestreuen. Mit einem weiteren Drittel der weichen Semmeln bedecken und den Rest der Äpfel, der Rosinen, des Zuckers und des Zimts darauf streuen und zum Schluss mit den restlichen Semmeln das Gericht bedecken. Mit zerlassener Butter beträufeln und bei 175–200 °C im Backofen so lange backen, bis der Semmelauflauf eine schöne bräunliche Farbe hat.
Den Semmelauflauf auf einer Platte anrichten, in Portionen teilen, mit Zucker bestreuen und servieren.

Karlsbader Torte

Als Goethe 1795 zur Kur in Karlsbad weilt, schickt er seiner Christiane eine Schachtel Dörrobst nach Weimar. Wären Karlsbader Torten unkompliziert zu verschicken gewesen, hätte Goethe seiner Lebensgefährtin wahrscheinlich jene cremebestrichene Kostbarkeit gesandt und nicht das eher profane Dörrobst.

Zutaten

1 Päckchen Mandel- oder Vanillepudding
500 ml Milch
150 g Butter oder Margarine
100 g Puderzucker
120 g Haselnüsse oder Mandeln
1 Päckchen Vanillezucker
1 EL Rum
1 Schachtel Karlsbader Oblaten
Rumpralinen und kandierte Früchte

Zubereitung

Vanille- oder Mandelpudding in 500 ml Milch wie üblich kochen und auskühlen lassen. In einer Schüssel die weiche Butter mit dem Zucker schaumig rühren, die abgezogenen, geriebenen Mandeln oder Haselnüsse, Vanillezucker und Rum dazugeben und verrühren. Zur Buttermasse dann den Pudding mischen. (Wichtig ist, dass beide Mischungen die gleiche Temperatur haben, da sonst die Butter gerinnt.) Mit dieser Creme die Karlsbader Oblaten bestreichen, aufeinanderlegen und mit einer nicht bestrichenen Oblate bedecken. Dann die Torte mit einem Brett beschweren und 30 Minuten kalt stellen. Danach die Seiten und die Oberfläche mit Creme bestreichen und mit Rumpralinen und kandierten Früchten garnieren.

Hasenöhrl

Zutaten *200 g Mehl*
80 g Fett
2 EL saure Sahne
2–3 Eier
etwas Salz
Ausbackfett
Zucker zum Bestreuen

Zubereitung Das Fett mit dem Mehl abbröseln, die übrigen Zutaten hinzugeben, den Teig gut durchkneten und messerrückendick auswalken. Mit einem Kuchenrädchen verschobene Vierecke ausradeln, in die Mitte jedes Vierecks der Länge nach einen Einschnitt machen und einen Teigzipfel hindurchziehen. Dann die Hasenöhrl im heißen Fett schwimmend ausbacken, abtropfen lassen und mit Zucker bestreuen.

Mährischer Apfelkuchen

Nehmen Sie für diesen Kuchen einen nicht zu mehligen Apfel; er sollte nicht sauer, aber durchaus kräftig im Geschmack sein.

Zutaten

150 g Mehl
150 g Butter
80 g Zucker
80 g geriebene Mandeln
Zitronenschale
2 Eigelb

Fürdie Füllung

3–4 in dünne Scheiben geschnittene Äpfel
etwas Zucker
70 g gehackte Mandeln

Zubereitung

Die Kuchenzutaten zügig zu einem Teig verarbeiten und kalt stellen. Danach den Teig ausrollen, eine runde Kuchenform damit belegen und einen kleinen Rand formen. Die Form mit Apfelscheiben füllen, zuckern und mit gehackten Mandeln bestreuen und bei 200 °C goldbraun backen.

Ribiselkuchen

Ribiseln sind nichts anderes als Johannisbeeren. Die leicht sauren Johannisbeeren geben diesem Kuchen einen unnachahmlich leckeren Geschmack, und besonders an heißen Sommertagen schmeckt er hervorragend zur nachmittäglichen Kuchentafel.

Zutaten

300 g Mehl
150 g Butter
90 g Zucker
etwas Zitronenschale und Zitronensaft
2 Eigelb
3 Eiweiß
100 g Puderzucker
8 EL Ribiseln (Johannisbeeren)

Zubereitung

Mehl, Butter, Zucker, Zitronenschale, Zitronensaft und 2 Eigelb auf dem Brett rasch zu einem Teig verarbeiten und ihn kalt stellen. Dann zu einem Viereck ausrollen, auf ein geschlossenes kleines Blech legen und bei 200 °C hellgelb backen. Hierauf den steif geschlagenen Eischnee mit Zucker und Johannisbeeren vermengen, die Schaummasse auf den Kuchen streichen und diesen noch kurz überbacken, bis der Schaum eine goldgelbe Farbe hat.

Vanillecreme

Zutaten

500 ml Milch
1/2 Stange Vanille
3–5 Eier
80–100 g Zucker
6 Blatt weiße Gelatine
evtl. 125–250 ml Schlagsahne

Zubereitung

Eiweiß und Eigelb trennen. Die Milch mit der durchschnittenen Vanilleschote zum Kochen bringen, etwas auskühlen lassen, durchseihen und mit der eingeweichten und ausgedrückten Gelatine nach und nach unter das mit dem Zucker schaumig gerührte Eigelb rühren. Die ganze Masse noch kurz bis vor dem Kochen schlagen, dann kalt stellen, und, wenn sie steif wird, den steifen Eischnee oder die Schlagsahne unterziehen. Dann die Creme in eine Schüssel füllen.

Orangencreme

Diese Süße, die sich erst verdichtet,
um, im Schmecken leise aufgerichtet,
klar zu werden, wach und transparent…

Rainer Maria Rilke

Zutaten

500 ml Schlagsahne
Saft von 4 Orangen
150 g Zucker
3 Blatt rote Gelatine
4 Blatt weiße Gelatine
60 g feingehackte kandierte Orangenschale

Zubereitung

Die steif geschlagene Schlagsahne kalt stellen. Die eingeweichte, ausgedrückte Gelatine in etwas heißem Orangensaft auflösen und durch ein Sieb in den restlichen, mit dem Zucker schaumig gerührten Orangensaft geben. Diese Masse nach und nach unter die Schlagsahne rühren. Wenn die Creme steif wird, die kandierte Orangenschale daruntergeben. Speise in eine Schale füllen und kalt stellen.

Mandelsülze

Bei der Rettigová findet sich ein gutes Dutzend Mandelgerichte. Kein Wunder: Mandeln vertragen sich sehr gut mit vielen anderen Zutaten in Süßspeisen. Lassen Sie also Ihrer Phantasie freien Lauf!

Zutaten

750 ml Milch oder Sahne
80 g Zucker
30 g geriebene Mandeln
1/2 Stange Vanille
8 Blatt weiße Gelatine

Zubereitung

Die Milch mit dem Zucker, der aufgeschnittenen Vanillestange und den Mandeln zum Kochen bringen, vom Herd nehmen, die Vanillestange entfernen und 15 Minuten zugedeckt stehen lassen. Dann die eingeweichte, ausgedrückte und aufgelöste Gelatine durch ein Sieb zu der Mandelmilch hinzugeben, die Speise in eine kalt ausgespülte Glasschüssel oder in eine zum Stürzen geeignete Form füllen und erstarren lassen. – Die Speise kann auch zweifarbig hergestellt werden, wenn man zur Hälfte der Masse 50 g erweichte Schokolade verwendet.

Register